Magdeburg MIT KINDERN

Ein Familienführer durch den Dschungel der Stadt

von

Conrad Engelhardt

ost-nordost

Liebe Leserinnen und Leser,

sie halten die erste Ausgabe von „Magdeburg mit Kindern“ in den Händen. Es ist ein neuentwickelter Stadtführer, geschrieben für alle, die das Glück haben, auf die eine oder andere Weise ihre Zeit mit Kindern verbringen zu dürfen. Adressaten sind also nicht nur Eltern, sondern auch Großeltern, Onkel, Tanten, Neffen, Nichten, große Geschwister, Freunde, Betreuer, Übungsleiter, Kindergärtnerinnen oder LehrerInnen.

Mit Kindern zusammen zu sein, daß kann fordern. Sie sind wißbegierig, unbändig und energiegeladen, ständig auf der Suche nach kleinen und großen Abenteuern. Sie wollen die Welt entdecken und jeder neuen Sache folgt unweigerlich die Frage nach dem Warum. Da ist man gut beraten, wenn man einen Ratgeber zur Hand hat, der für viele Situationen Ideen parat hat, der einem hilft, im scheinbar Banalen das Besondere zu entdecken. Auf diese Weise können selbst verregnete Wochenenden zu einem Erlebnis werden.

Bei der Ausstattung dieses Buches haben wir höchste Maßstäbe angesetzt: strapazierfähiges Papier, vierfarbiger Druck, wasserabweisende Folierung des Umschlags, aufwendige Kartografie und nicht zuletzt die eingeklebte Umlandkarte am Ende des Buches. Daß der Ladenpreis trotzdem verhältnismäßig klein ausfällt, ist einer Reihe von Sponsoren zu verdanken, einem Bündnis, das sich mit seinen Beiträgen für ein kinderfreundliches, der Zukunft zugewandtes Magdeburg einsetzt. An diese Stelle vielen Dank dafür.

Ihr OstNordOst Verlag

kinderfreundliches Magdeburg.

Inhalt

An frischer Luft

Historische Welt

Tiere erleben

Wie funktioniert das?

Unter Dächern

Sport, Spiel und Baden

ab Seite 94

ab Seite 106

ab Seite 114

ab Seite 130

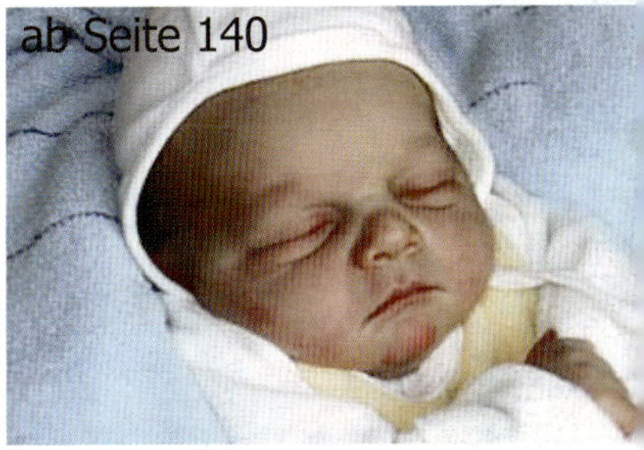

ab Seite 140

An frischer Luft

Ob der Morgendunst eines naßkalten Novembertages in den Wiesen hängt oder das Thermometer in den roten Bereich klettert – Magdeburg ist ein echter Großstadtdschungel, in dem es einiges zu entdecken gibt. Wer da vor dem Fernseher oder der Gamekonsole hängt, ist selbst schuld.

Im Elbauenpark

❶ Klosterbergegarten

Citynah schiebt sich der gut 11 ha große Klosterbergegarten zwischen Elbe und Stadt. Die Anlage ist Deutschlands erster Volksgarten und wurde vor gut 180 Jahren entworfen. Den Namen hat der Park übrigens vom Kloster Berge, dessen Gründung auf das Jahr 965 zurückgeht. In den letzten Jahren wurde viel investiert, um Wege neu zu befestigen und die zu DDR-Zeiten als Kohlenplatz genutzte Uferzone entlang der Elbe wieder zu integrieren. Weil die Anlage gut mit Verkehrsmitteln erreichbar ist, eignet sie sich als Ausgangspunkt für Touren flußauf, flußab entlang der Elbe, im Sommer kann man an der Elbböschung ausgezeichnete Picknicks veranstalten. Am Rande des Parks locken die Gruson-Gewächshäuser (siehe Kapitel Unter Dächern) zu einem Abstecher, eine gastronomische Versorgung besteht zur Zeit nicht.

Schönebecker Straße, MD-Buckau, Parkplätze Bleckenburgstraße oder Sternbrücke, ganzjährig frei zugänglich

❷ Herrenkrug-Park

Magdeburgs älteste Parkanlage stammt bereits aus dem 18. Jahrhundert. Bei deren Umgestaltung zum englischen Landschaftspark setzte man einst auf Artenreichtum. Um 1900 wurden im Park allein 370(!) Baumarten gezählt, von denen heute noch etwa 110 vorhanden sind, darunter außergewöhnliche und schöne wie der Ginkgo, Tulpenbäume oder Weymouthskiefern (Das kleine Wissens-ABC zu den wichtigsten Parkbäumen auf S. 11 hilft deshalb nur teilweise weiter). In keinem anderen Park Magdeburgs sieht man knorrigere Baumriesen. So kann man eine Tour mit Kindern durch den Park zu einer botanischen Entdeckungsreise umfunktionieren. Die im Park aufgestellten Plastiken, wie Bronzelöwe, römische Steinbänke, die Kugelsonnenuhr oder das Pergola-Rondell sind zusätzliche spannende „Entdeckungen". Mehr noch: am Herrenkrug-Hotel wird im Sommer der Biergarten bewirtschaftet, ein Spielplatz und eine Minigolfanlage vertreiben die Zeit. In den nördlich des Parks angrenzenden Elbauenwiesen – auf dem Deich ist dort ein ausgezeichneter Platz zum Schiffe beobachten – ist neben dem Elbradweg ein verzweigtes Wegenetz angelegt worden, das bis zum Auwald des Biederitzer Busches und weiter nach Hohenwarte führt (siehe auch unter Naturlehrpfade S. 16/17)

Herrenkrugstr. MD-Herrenkrug Parkplatz neben dem Hotel, Park ganzjährig frei zugänglich

HERRENKRUGPARK: beliebte Spaziermeile ist der Schutzdeich, der den Park zu den Elbwiesen abgrenzt. An seinem nördlichen Ende sind mehrere Parkbänke zu einem der schönsten Aussichtsplätze an der Elbe aufgebaut

SONNENUHR IM HERRENKRUGPARK: der Herrenkrugpark hält zahlreiche kleine Entdeckungen bereit, die eine Tour mit der Familie spannend machen. Wie die Kugelsonnenuhr, mit der sich Stadtbaudirektor Wolf 1861 selbst ein Denkmal setzte

3 Elbauenpark

Sieh mal einer an – was für eine Wandlung. Der Elbauenpark ist ein Überbleibsel der Bundesgartenschau 1999. Aber noch Anfang der Neunziger waren die Flächen ein umgepflügtes Militärgelände der Roten Armee. Dank geschickter Gestaltung zu einem tollen Naherholungsgebiet umfunktioniert und hat heute ohne Zweifel den größten Freizeitwert unter den Parks der Stadt, vor allem, wenn man mit Kindern unterwegs ist. Die Liste der Highlights ist lang: Spielehaus, Jahrtausendturm, Wasserspielplatz, Schmetterlingshaus, Kletterfelsen, Skatepark, zahllose ideenreiche Spiel- und Klettergeräte und nicht zuletzt die gastronomische Versorgung an vier Stellen. Dazu locken die kurzgeschnittenen Liegewiesen, die von Frisbee bis Fußball alle Möglichkeiten lassen. Dazu ist das gesamte Areal auch im Jahre fünf nach der BUGA äußerst gepflegt und frei von sonst typischen Gefahren wie Glasbruch oder Hundehaufen. Die Vorzüge lassen gerade Familien auf ihre Kosten kommen, Wenn es überhaupt etwas zu bemängeln gibt, dann die ungünstige Lage von den Eingängen zu den Parkplätzen.

Natur- und Kulturpark Elbaue, Tessenowstraße 5a, MD-Herrenkrug, Tel: 59 57 400, www.elbauenpark.de, Haupteingang Messe (PKW und ÖPNV), Breitscheidstraße (PKW), im Sommer auch Eingang Süd (ÖPNV) Eintritt: Erw. 2,50 €, Kinder/Jugend 2,00 €, bis 5 Jahre ist der Eintritt frei, Jahreskarte Erwachsene 23 €

SWM-Card

N Naturspielplatz

In den ehemaligen Schießwällen fügen sich phantasiereiche Klettergeräte in die Landschaft ein. Ein Platz zum Herumtoben nach Lust und Laune.

F Fitneßparcour

Der Fitneßparcour an den Schießwällen ist für jung und alt eine Herausforderung. Die zu lösenden Aufgaben erfordern vor allem Geschicklichkeit

S Schmetterlingshaus

Tropisch feuchte Luft empfängt einen im Schmetterlingshaus. Die munter flatternden Tierchen kann man dabei aus nächster Nähe betrachten

E Energiegeräte

Hier werden Möglichkeiten der einfachen Energiegewinnung demonstriert. Wie die Superschaukel, bei der gleich sechs Leute Schwung holen...

K Kletterfelsen

Der aus recycelten Betonteilen gebaute Kletterfelsen ragt imposante 25 Meter in den Himmel. Aus Kunststoffgriffen sind zahllose Kletterstrecken mit unterschiedlicher Schwierigkeit angelegt, gut gesichert am Seil können sich hier auch Anfänger gefahrlos ausprobieren. Eine öffentliche Betreuung durch den Alpenverein findet 2005 leider nicht mehr statt.

P Panoramabahn

Auf der drei Kilometer langen Runde gleitet die Bahn bis zu sechs Meter über der Erde. Eine Fahrt dauert 15 Minuten, genug Zeit, die Welt aus der Vogelperspektive zu bewundern.

W Wasserspielplatz

Vor allem bei Familien mit Klein- und Kleinstkindern ist der Wasserspielplatz erste Adresse im Park. Während die Eltern im Schatten des Wäldchens das Picknick vorbereiten, vergessen die Kinder beim Planschen und Manschen völlig die Zeit

R Sommerrodelbahn

Die Sommerrodelbahn an der Deponie ist für einen rasanten Fahrspaß gut, am lustigsten ist es, wenn man im Doppelpack unterwegs ist.
Eine Fahrt: Erw 1,50 €, Kinder 1,00 €

L Irrgarten

Neue Attraktion seit Sommer 2004 ist der Irrgarten am Fuße der Halde. Mehrere mögliche Ausgänge lassen einen dabei nicht ins Schwitzen geraten. Spannend: ein Wassergraben trennt die Wege und kann nur mit der selbst zu bewegenden Fähre überwunden werden

FLORAPARK: aus dem Bördegarten wurde im Herbst 2004 der Florapark. Am Freizeitspaß rund um den 12 Meter hohen Rodelberg ändert das aber herzlich wenig

4 Florapark

Unter dem Namen Bördegarten wurde die Grünfläche Ende der 80er Jahre angelegt, ehe die Stadträte 2004 der Umbenennung in Florapark zustimmten. Als grünes Band verbindet der Park, unterbrochen vom Holzweg, die Stadtteile Olvenstedt und Neustädter Feld. Herausragender Punkt ist der gut 12 Meter hohe Rodelhügel auf der „Feld"-Seite, der bei der dünnsten Schneedecke zum Mekka der Kufenflitzer wird. Von seiner Spitze führt eine der längsten Rutschbahnen Magdeburgs hinunter auf den Spielplatz. Der ist so angelegt, um alle Varianten des Spielens am Hang zu zeigen: Kletterwände, Rutsche, Hängebrücke und wilde Skate-Rampen. Dank der großflächigen, offenen Wiesen kann man ausgezeichnet Ball spielen und im Herbst steigen hier die Drachen.

Bester Zugang über Holzweg (Parken), MD-Neustädter Feld, ganzjährig frei zugänglich

NORDPARK: jedes Frühjahr das gleiche Naturschauspiel. Für kurze Zeit ist der Park dann in kräftiges Blau getaucht. Das kommt von den Blüten des Blausterns (Scilla), der dann zu Abertausenden im Park blüht.

5 Nordpark

Jedes Frühjahr das gleiche Naturschauspiel. Wenn der Blaustern (Scilla) im Nordpark zu Abertausenden blüht, werden die Wiesen für kurze Zeit in kräftiges Blau getaucht. Auch außerhalb dieser Zeit ist der Park, der ursprünglich als Friedhof vor den Festungsmauern angelegt wurde, ein beliebter Platz für die Freizeit: Jogger, Eltern mit Kinderwagen, Picknicks auf der Wiese. Seit der südliche Teil allerdings als eine der offiziellen Hundewiesen der Stadt ausgewiesen ist, sind die dort zu findenen „Tretminen" ein kleines Problem. Von den früheren Gräbern sind heute nur noch einzelne wenige vorhanden, dafür wirkt der nach dem Zweiten Weltkrieg im nordöstlichen Teil angelegte sowjetische Militärfriedhof um so geheimnisvoller.

Bester Zugang über Pappelallee (Parken), MD-Alte Neustadt, frei zugänglich

6 Königin-Luise-Garten

Klein, fein, und umgrenzt von pompösen Villen liegt der Luisengarten, wie er im Volksmund heißt. Das Gelände nahe des Uniplatzes gehörte einst zur Bastion Braunschweig, die das nordwestliche Stadttor, das Krökentor, schützte. Daher rührt auch das stark profilierte Gelände, ein Teil der Kasematten ist heute noch zu erkennen. Der Reiz für Familien liegt in diesem profilierten Gelände mit verschlungenen Wegen, verborgenen Ecken und gewundenen Stiegen, das ideal für Spiele wie Verstecken ist. Zauberhaft ist auch der kleine Teich, im Sommer speist er per Pumpe einen künstlichen Bachlauf, der idealer Platz zum Manschen und Panschen ist. Im Winter ist der Park beliebtes Ziel für Rodelfans.

Bester Zugang über Richard-Wagner-Straße (Parken), MD-Alte Neustadt, frei zugänglich

Wer kennt die Parkbäume?

STADTPARK ROTEHORN: die große grüne Lunge der Stadt ist nach wie vor das wichtigste Naherholungsgebiet und verbindet Naturnähe mit vielfältigen Freizeit-Möglichkeiten, wie hier beim Skaten auf dem Heinrich-Heine-Weg

7 Elbuferpromenade

Da wo sich die Elbuferpromenade als Grünstreifen zwischen Stadt und Elbe schiebt, stand bis 1945 das sogenannte Knattergebirge, damals eine der dichtbesiedeltsten Flächen in Europa. Von dieser Enge ahnen heutige Besucher nichts mehr. Die Promenade beginnt an der Lukasklause und zieht sich von dort gut 3 Kilometer elbauf bis zur Hubbrücke. Vor allem die Strecke bis zur Strombrücke hat hohen Freizeitwert mit tollen Spielplätzen, Picknickwiesen, Schiffsanlegern, der historischen Schiffsmühle (S. 52), alten Stadtmauern (siehe Grüner Ring S. 30/31). Mit dem Café Petriförder lädt eine kinderfreundliche Gastronomie.

Schleinufer, MD-Altstadt, erreichbar über Parkplatz Strombrücke bzw. Petriförder

8 Stadtpark Rotehorn

Die Rotehorn-Insel, zwischen Stromelbe und Alter Elbe, ist unsere grüne Lunge und das wichtigste Naherholungsgebiet der Stadt. Mit seinen gut 220 ha Fläche verbindet der Stadtpark dabei Naturnähe mit Freizeitspaß. Ausgangspunkt aller Aktivitäten ist der Heinrich-Heine-Platz vor der Stadthalle, gut zu erreichen mit PKW und Bus, aber der Sprung über die Elbe kann auch auf spannende Weise zu Fuß passieren: mit der kleinen Buckauer Fähre, über die Fußgängerhängebrücke am Cracauer Wasserfall, die Hubbrücke und ab Mai 2005 wie in alten Zeiten wieder über die Sternbrücke. Die etwa 5 km lange grüne Insel bietet gerade für Familien viele Möglichkeiten zur Erholung. Vom stillen Spaziergang über Bewegung beim Skaten, Rudern auf dem Adolf-Mittag-See oder Austoben auf den Spielplätzen an den Scherbelsbergen ist manches möglich. Dazu kann man das Schiffsmuseum Württemberg (S. 62) besichtigen, auf dem Adolf-Mittag-See die Schwäne füttern, den 60 Meter hohen Aussichtsturm (S. 21) erklimmen oder zur geheimnisvollen Salzquelle wandern. Hervorragend sind auch die gastronomischen Möglichkeiten: mit Le Frog, Jägerhütte und Café Fort 12 laden gleich drei Objekte ein.

MD-Werder, über Heinrich-Heine-Platz (Parken, Bus 59), über Winterhafen (Parken, Bahn 4 und 6) oder Sternbrücke (Parken)

ECHTE PROMENADENMISCHUNG: auf der Elbuferpromenade rollen im Sommer die verschiedensten Räder. Vor allem zwischen Strombrücke und der Lukasklause sind alle Generationen miteinander vereint

Die Sage vom Roten Horn

Die traurig-schöne Geschichte, wie der Rotehornpark zu seinem Namen kam

Die Salzquelle an der Südspitze des Stadtparks

Der Sage nach hat sich die Geschichte in alten Zeiten zugetragen: damals, als sich der Stadtteil Buckau noch als armseliges Dorf um eine Burg scharte. Ritter Wilfried, ein dem Waidwerk zugetaner Burgherr, hatte eines Tages im Elbauenwald dem Wild nachgespürt. Müde vom Lauf ruhte er sich am Ufer des Stroms aus. Gedankenverloren schaute er ins Wasser und ihm schien, als schwömme auf der Elbe ein von Schwänen gezogener kostbarer Nachen in der Form einer Seemuschel. Im Kahn saß ein hübsches Mädchen, dessen mit Perlen und Edelsteinen reich verziertes Gewand im Abendlicht ebenso schimmerte wie ihr mit einem Kranz aus Schilf und Wasserrosen geschmücktes Haar. Leise Musik erklang ringsum. Korallenrot leuchtete ein Horn, das die Schöne um den Hals trug.

Doch Ritter Wilfried schreckte aus seiner Träumerei auf und glaubte seinen Augen nicht zu trauen: Da kam ihm auf der Elbe tatsächlich der Nachen entgegen. Die Jungfrau jedoch lächelte und bat ihn ins Boot. Kaum, daß er Platz genommen hatte, zogen die stattlichen Schwäne an und brachten das Seemuschelboot geschwind ans gegenüberliegende Ufer. Dort hieß die unbekannte Schöne Wilfried aussteigen und führte ihn ins Innere des dichten Waldes an eine lichte Stelle. Auf einer Moosbank nahm sie Platz, Wilfried ließ sich zu ihren Füßen nieder. Nun verriet ihm die Jungfrau, daß sie Elwine sei, die Beherrscherin der Elbe. Sie lebe in einem unterirdischen Wasserschloß und nähme nur ab und zu Menschengestalt an, um auf der Erdoberfläche nach dem Rechten zu sehen. Jetzt habe sie sich Wilfried als ihren Gemahl erwählt, der nur eine einzige Bedingung zu respektieren habe: Niemals dürfe er Mißtrauen gegen sie zeigen und ihr nachspüren. Ansonsten werde sie für immer von ihm scheiden müssen. Ritter Wilfried stimmte dem bereitwillig zu.

Kurze Zeit danach, als es dunkelte, kamen von allen Seiten tanzende Wassernixen auf die Lichtung und umschwärmten das liebende Paar. Im glänzenden Licht der Sterne begann ein geisterhafter Reigen, sich drehender, schwebender, schmiegender Nixen. Als um Mitternacht die Stunde des Abschieds schlug, geleitete Elwine ihren Bräutigam zum Strand zurück, blies in ihr rotes Muschelhorn und ließ damit den silberglänzenden Nachen vorfahren, der Wilfried zurück ans heimatliche Ufer übersetzte. Von nun an war Wilfried Tag für Tag bei seiner Wasserbraut auf der Elbinsel und verlebte die glücklichsten Stunden. Doch eines Tages bat ihn Elwine, eher als üblich den Heimweg anzutreten. Sie erwarte ihre Schwestern, die Beherrscherinnen von Saale, Unstrut und Elster und kein Mensch dürfe ihnen je ins Angesicht schauen. Wilfrieds Argwohn war geweckt, er fühlte sich hintergangen, nahm zum Schein Abschied, schlich aber im Dunkel der Nacht zum Treffpunkt an der Moosbank. Aber statt eines von ihm vermuteten fremden Liebhabers sah er sich in der Tat dem Kreis der hübschen Wassernixen gegenüber. Da verriet ein knarrender Ast den Späher. Mit lautem Schrei und einem gleißenden Lichtstrahl verschwanden die Schönen. So sehr auch Wilfried rief, er hatte den Schwur, seiner Liebsten nie zu misstrauen, gebrochen. Nie sah er Elwine wieder. Zu seiner Überraschung fand er am anderen Tage neben der Moosbank das rote Horn der Wassernixe, doch es versagte ihm den oft gewährten Dienst.

Von diesem Tag an trug Wilfried das rote Horn stets an seiner Seite. Oft fuhr er zu der Insel hinüber, wo er mit Elwine glückliche Stunden verbracht hatte. Dort ließ er sich ein Haus bauen und über der Tür ein Wappen anbringen, das ein rotes Horn zeigte. Als Wilfried starb, wurde sein Grab stets mit frischen Blumen geschmückt, bis es eines Tages ganz verschwunden war. An der Stelle aber, wo sein Grab gelegen war, sprudelte eine salzige Quelle hervor, wie man sie heute noch im Rotehornpark sehen kann. Als Salzquelle ist sie den Magdeburgern bekannt...

⑩ Glacisanlagen

Die Glacisanlagen entlang der Stadtautobahn haben wir dem noch bis vor 130 Jahren existierenden Festungswall um die Altstadt zu verdanken. Die Festungsanlagen wurden geschliffen, heute sieht man vom Aussichtspunkt an der Ringbrücke nur noch Reste. Der Glacispark hat vor allem auf der Stadtfelder Seite entlang des Adelheidringes Freizeitwert. Gepflegte Parkwege, ein toller Abenteuerspielplatz und die Wiese an der Fußgängerbrücke über den Ring ist im Winter dazu eine der beliebtesten Rodelwiesen der Stadt.

MD-Stadtfeld, bester Zugang Adelheidring

SCHROTEANLAGEN: kilometerlang zieht sich der Grünstreifen entlang der Schrote hin. Fußgängerbrücken, wie das süße kleine Hängebrückchen kurz vor Diesdorf, schaffen Verbindungen zwischen den beiderseitigen Wegen

⑨ Fürstenwallpark

Ebenso wie zahlreiche andere Grünflächen ist der Park am Fürstenwall, auf dessen Fläche früher die Bastion Cleve stand, ein Überbleibsel der Festungszeit. Sein zentraler Punkt ist das steeinerne Monument zu Ehren der Kriegstoten von 1866 und 70/71. Im Schatten des Domes läßt es sich auf den Wiesen gut picknicken und vom Promenadenweg auf dem Fürstenwall hat man einen guten Blick über die Elbe. Spannend sind auch die hier freigelegten mittelalterlichen Stadtmauern. Künftig soll der Park über eine Fußgängerbrücke mit dem Elbufer verbunden werden.

Hegelstraße, MD-Altstadt, erreichbar über Hegelstraße (gebührenpflichtiges Parken)

⑪ Schroteanlagen

Die Grünanlagen entlang des Flüßchens Schrote verbinden auf autofreien Wegen den Stadtteil Diesdorf mit Stadtfeld. Freizeitwert hat vor allem der Teil hinter dem Europaring. Schon wenige Schritte nach Überqueren der Hauptverkehrsader ist man von Grün umgeben. Die beidseitig des Baches laufenden Wege werden in Abständen durch Brücken miteinander verkoppelt. Die für Kinder spannendste ist eine kleine Hängebrücke mit zugehörigem Spielplatz. Man kann auch schöne Wettfahrten mit allem Schwimmfähigen auf der Schrote veranstalten.

MD-Stadtfeld, bester Zugang über Goethestraße oder Am Schroteanger (Parken)

AUF DEM ELBDEICH RICHTUNG KREUZHORST: der einfachste und zugleich schönste Weg in die Kreuzhorst führt auf dem Elbdeich hinter Cracau hinaus. Wegen der Entfernung sollte man aber rollend unterwegs sein.

12 Westerhüsener Park

Einen wahren Dornröschenschlaf erlebt der Westerhüsener Volkspark hinter der Straße nach Sohlen. Der Name Park paßt auch nicht richtig, eher müßte es Wäldchen heißen. Ein sparsam angelegtes Wegenetz durchzieht den Park, der einem die perfekte Illusion vermittelt, fernab der Stadt in einem richtigen Wald zu sein.

MD-Westerhüsen, beste Erreichbarkeit über Holsteiner Straße (Parken)

13 Kreuzhorst

Die Kreuzhorst ist ein gut 320 Hektar großer, zusammenhängender Auenwald, der schon lange unter Naturschutz steht. Den besten Zugang von Magdeburg hat man mit dem Fahrrad über den Elbdeich ab Cracau. Die Kreuzhorst, ursprünglich „Groizhorst" nach dem historischen Vorbesitzer Theodor von Groiz, ist Bestandteil des Landschaftsschutzgebietes „Mittlere Elbe" an der Vereinigung von Alter und Neuer Elbe. Umspannt von einem Altarm der Elbe finden sich hier viele seltene Pflanzen und Tierarten, z.B. Biber, Fledermäuse, Graureiher, Rohrweihe, Milane und Störche. Mit über 90 Brutvogelarten ist auch die Vogelwelt sehr artenreich. Neu anglegte, gut ausgeschilderte Radwege durchziehen den Wald und verbinden die Dörfer Pechau und Randau.

MD-Pechau, Zugang über den Elbdeich ab Cracau oder Gaststätte Luisental (Parken)

14 Sohlener Berge

Wie eine Insel heben sich die gut 50 Meter hohen bewaldeten Hügel südlich des Flugplatzes aus den Bördeäckern. Waldstücke und Streuobstwiesen wechseln sich ab und vermitteln das Gefühl, fernab der Stadt und in der Natur zu sein. Ob zu Fuß oder mit dem Fahrrad, ist dabei gleich, nur für Kinderwagen sind die teils steilen Wege nicht geeignet. Das langgezogene Haupttal ist im Winter ein Mekka für angstfreie Schlittenpiloten.

Sohlener Berge, Beyendorf-Sohlen, beste Anfahrt über Beyendorf (Parkplatz)

Eine Flaschenpost auf Reise schicken

Eine Flaschenpost auf die Reise schicken, das klingt nach Abenteuer, nach großer Welt. Machen sie sich doch einfach mal auf den Weg.

Einmal eine Flaschenpost zu finden, gehört wohl zur Phantasie- und Wunschwelt jeden Kindes. Flaschenpost – das klingt nach geheimnisvollen Nachrichten, zusammengerollten Schatzkarten, nach abgezählten Schritten, nach Abenteuer. Da muß man zuvor weder Janosch noch Stevenson gelesen haben.

Aber warum darauf warten? Bringen Sie mit ihrem Kind doch einfach eine eigene Flaschenpost auf die Reise. Am Ufer der Elbe auf Reise geschickt, erreicht sie mit etwas Glück irgendwann, irgendwo elbabwärts einen Finder.

Wer den „offiziellen Weg" über das Postamt wählen möchte – kein Problem. Denn unglaublich aber wahr: in dem kleinen Elbedörfchen Bittkau nahe Tangerhütte existiert Sachsen-Anhalts einziges Flaschenpostamt an der Elbe. Betrieben wird es von dem Maler und Aktionskünstler Benno Zöllner. Jeder, der möchte, darf dort seine ganz persönliche Nachricht dem Fluß übergeben. Das nutzen Menschen zu Gelegenheiten wie Geburtstag oder Hochzeit und manchmal einfach nur so um sich mitzuteilen und auf eine eventuelle unerwartete Antwort aus der Fremde zu warten. Die Flasche wird von Zöllner nach dem Einstecken der Nachricht ordnungsgemäß verkorkt und mit einem Wachsüberzug gegen Feuchtigkeit gesichert. Mit einer anschließenden Zeremonie wird die Flasche dann hinunter zum Ufer getragen. Wie weit die Flaschenpost transportiert wird, wo sie landet und strandet, wer sie findet: das alles liegt danach auf geheimnisvolle Weise in der Macht des Flußes.

Flaschenpostamt Bittkau, Benno Zöllner, Tel: 01 76 - 21 21 03 29

NATURLEHRPFAD IM STADTPARK: auf Rotehorn lebende Tiere und Pflanzen werden auf dem Weg entlang der Stromelbe Tafel für Tafel dargestellt und beschrieben – von unscheinbaren Blumen bis zu scheuem Rehwild und dem neugierigen Dachs.

16 Naturlehrpfad Stadtpark Rotehorn

Der Naturlehrpfad führt auf einer Länge von 3 km durch den ca. 160 ha großen Stadtpark in Magdeburg. Auf großflächigen Infotafeln werden Etappe für Etappe die Tiere und Pflanzenwelt im Stadtpark vorgestellt und beschrieben, denn die geschützten Biotope – naturnahe Kleingewässer und dem Alten Elbarm – bilden zusammen mit der Tauben Elbe und dem Adolf-Mittag-See den Lebensraum für Amphibien, Vögel, Säuger und Insekten. Hier herrscht Einklang von Naturerlebnis, Parkgestaltung und Freizeit in Stadtnähe. Im Stadtpark leben zahlreiche Tiere und Pflanzen, die in der Roten Liste als gefährdet eingestuft wurden.

Naturlehrpfad Beginn Sternbrücke

Naturlehrpfade

PLANETENPFAD RANIES – SCHÖNEBECK: im Größenverhältnis 1: 1 Milliarde ist hier unser Sonnensystem dargestellt. Ausgehend von der Sonne kommt dann bereits nach 58 Metern der Pluto, während man bis zum Neptun ganze 6 Kilometer wandern darf.

15 Grüner Pfad im Elbauenpark

Was ist ein Ökosystem? Lebt das Wasser? Was sind nachwachsende Rohstoffe? Diesen und anderen Fragen können insbesondere Schulgruppen auf dem Grünen Pfad im Elbauenpark nachgehen. Das Aktivangebot umfaßt ein breites Spektrum an Unterrichtsthemen aus den Bereichen Natur- und Artenschutz, Biologie, Mathematik, Physik und Chemie. Auf der zweistündigen Tour werden sechs Erlebnisstationen abgelaufen: „Einmal Biber sein“, „Wasser ist LEBENdig“, „DUFTendes und KRABBELNdes“, „Holz, Raps, Hanf & Co“, „Zeitreise zur Antike und zurück“ oder „Mit Baum und Specht per Du“ bieten Unterricht zum Anfassen.

Anmeldungen für Gruppen unter Tel: (01805) 25 1999

17 Naturlehrpfad „Biederitzer Busch“

Der Naturlehrpfad ist ein etwa 5 km langer Wanderweg durch den Biederitzer Busch, einem der wenigen geschlossenen Auwaldbestände entlang der Elbe. Auf Lehrtafeln erfährt man Wissenswertes über die typischen Vertreter dieser Hartholzaue, wie Stieleichen, Ulmen, Ahorn und Wildobstarten. Zu den Tierarten gehören ca. 200 Vogelarten, Insekten, Amphibien, Raub- und Nagetiere, Klein- und Großsäuger. Der Lehrpfad verläuft auf dem sogenannten Puppenweg durch den Biederitzer Busch, der gut 300 Meter hinter dem Ende des Golfplatzes im Wald links abzweigt.

18 Lehrpfad „Einheimische Gehölze“

Der naturkundliche Lehrpfad des ÖZIM an der Harsdorfer Straße auf dem Gelände führt durch die Wall- und Grabenanlagen des aus dem 19. Jahrhundert stammenden Außenfort 4a, der Festung Magdeburg. Hier erfährt man Wissenswertes über den alten Baumbestand und die angelegten Kleinbiotope wie Wildhecke, Reisighaufen oder Beobachtungsplatz. Außerdem werden Informationen zur naturverträglichen Bewirtschaftung wie Hügelbeet, Kompostplatz und Streuobstwiese vermittelt.

ÖZIM, Harsdorfer Straße 49, MD-Stadtfeld, Anmeldung unter Tel: 731 59 80

19 Salzquellen Sülldorf

Die Sülldorfer Salzquellen dienten fast 400 Jahre lang der Salzgewinnung. 1840 entstand hier das erste Solbad, bald kamen weitere dazu. Der Kurbetrieb soll künftig wieder aufgenommen werden. Die Sülldorfer Salzstellen zeichnen sich durch eine charakteristische Salzflora aus, wie Milchkraut oder Salzaster. Dazu sind seltene Tiere zu beobachten.

B 81, AS Langenweddingen - 11 km

20 Planetenlehrpfad Ranies – Schönebeck

Auf einem Stück des Elberadweges – vom idyllischen Dorf Ranies bis Schönebeck-Grünewalde – radelt oder wandert man auf dem sogenannten Planetenlehrpfad. Die Größenverhältnisse in unserem Sonnensystem werden dort im Größenverhältnis 1: 1 Milliarde dargestellt. So kann man kosmische Dimensionen praktisch erfahren, befühlen und begreifen. Gleich am Beginn der lehrreichen Strecke, auf der Deichkrone am Ortsausgang von Ranies, ist die Sonne dargestellt. Ihr am nächsten steht maßstabsgerecht, nach 58 m der Merkur, es folgen Venus, Erde, Mars, Jupiter, Saturn, Uranus, Neptun und am Ende, nach 5,96 km, Pluto. Planetensäulen und Info-Tafeln vermitteln Wissenswertes zu unserem Sonnensystem und zur Entstehung des Weltbildes.

Beginn am Deich Ortsende Ranies
über Schönebeck/Pretzien - 21 km - 6 Jahre

21 Naturkundlicher Lehrpfad Hundisburg

Der 7 km lange Rundkurs erstreckt sich beiderseits der Beber durch einen ausgedehnten Landschaftspark. Er führt an historischen Stätten wie Großsteingräbern, Burg- und Schloßruine, mittelalterlicher Burgwall, Zisterzienser-Kloster und Kirchen vorbei. Auf dem ornithologischen Abschnitt kann man die artenreiche Fauna und im dendrologischen Teil wertvolle und seltene Gehölze des Klosterparks kennenlernen.

Schloßverwaltung Hundisburg, Tel: (03904) 44 265, Führungen auf Anfrage

NATURLEHRPFAD HERRENKRUG: zwischen Elbauenpark und Alter Elbe führt der Weg in den Herrenkrug. Auf mehreren Tafeln wird der Auenwald als wichtiger Lebensraum erlebbar gemacht

NATURLEHRPFAD IM BIEDERITZER BUSCH: wer auf dem „Puppenweg" durch den Biederitzer Busch wandert, könnte meinen, sich in den Harz verirrt zu haben. Die Strecke mit den Infotafeln zum Lebensraum Wald führt weiter durch die Elbaue und endet schließlich am Herrenkrug-Hotel

Magdeburg von oben

Manchmal muß man nur den Standpunkt ändern, um die Welt aus einer neuen, überraschenden Sicht zu erleben. Dabei ist es egal, ob Sie in den Korb eines Ballons steigen oder über ungezählte Stufen zu den höchsten Plätzen der Stadt hinaufklettern.

Mit dem Ballon fahren

Die eindrucksvollste Art, Magdeburg aus der Luft zu erleben, ist eine Fahrt mit dem Ballon. Auch wenn eine solche Aktion mit 180 Euro pro Person nicht ganz billig ist, (auch Kinder und Jugendliche zahlen volle Gebühr) wird es doch ein unvergessliches Erlebnis bleiben. Eine gute Idee beispielsweise für ein besonderes Geburtagsgeschenk. Die Startpunkte der Ballone werden zumeist im Stadtgebiet gewählt und liegen wegen der notwendigen Thermik vor allem in den späten Nachmittagsstunden. Auch ohne mitzufahren, ist die Ballonfahrt ein Erlebnis, denn alle Teilnehmer dürfen bei den umfangreichen Startvorbereitungen mit anpacken. Wer Sicherheitsbedenken hat: jeder Teilnehmer kann einzeln im Korb angeseilt und damit gesichert werden. Nach 1 bis 1,5 Stunden in der Luft landen die Ballone – je nach Windrichtung und Thermik – auf freien Flächen im näheren Umland der Stadt.

IM BALLON ÜBER DER STADT: der etwa vier qm große Korb bietet genug Bewegungsfreiheit, um in alle Richtungen zu schauen zu können

Flugdienst Magdeburg, Tel: 621 62 15, Aeropartner Tel: 620 90 20, Balloninsel Tel: 636 04 76, www.balloninsel.info, Ballonteam S.-A. Tel: 53 53 97 97
SWM-Card

22 Jahrtausendturm

Wie eine Schlange windet sich die 450 Meter lange Außenrampe um den „Schiefen Turm von Magdeburg" im Elbauenpark und die ist hervorragend für einen Wettlauf bis zur Plattform in 43 Meter Höhe über dem Boden geeignet. Steht man dann oben, weht einem der Wind um die Nase und liegt Magdeburg zu Füßen. Bei gutem Wetter reicht der Blick im Norden bis zum Wasserstraßenkreuz, zusätzlich stehen Münzferngläser. Auf- und Abstieg kann man auch im Inneren des Turmes machen. Dabei kommt man an einer tollen Fernrohrkonstruktion vorbei, mit der man die Uhr am 3 km entfernten Dom ablesen kann.

Elbauenpark, Eingang Rosengarten, Tel: 59 57 400, Tagesticket: Erw. 2,60 €, Kinder 2 €, Familien 5 €, Abendticket ab 16 Uhr nur 1 €
SWM-Card

Schlangengleich

...windet sich die 450 Meter lange Rampe um den Jahrtausendturm. Von der Plattform in 43 Metern Höhe hat man einen tollen Blick über den Werder auf die Altstadt.

23 Johanniskirche

Achtundfünfzig Meter ragen die Türme der Johanniskirche über die Altstadt. Die luftige Plattform des Südturms ist der optimale Platz für große und kleine Menschen, um Magdeburg aus der Luft zu entdecken. Zu Füßen schimmert das blaue Band der Elbe. Der Blick reicht von Buckau im Süden über die Bahnhofsanlagen und den grünen Stadtpark bis zum Wasserstraßenkreuz im Norden. Dazwischen ist viel Platz zum Entdecken. Vorher müssen aber erst die 277 Stufen aus Stein und Holz erklettert werden, denn ein Lift ist selbstverständlich nicht vorhanden. Kleiner Tip: bloß nicht das Fernglas vergessen!

St. Johannis, Jakobstr., Tel: 540 21 46 oder 540 24 62, geöffnet: Di-So 10-17 Uhr, Sommer bis 18 Uhr, Turmbesteigung (kein Lift) frei

24 Flugzeug fliegen

Über den Wolken ist die Freiheit wirklich grenzenlos. Aus mehreren hundert Metern Höhe nimmt man die Stadt als bunte Patchworkdecke wahr. Während der Motor brummt und der Wind an den Kabinenfenstern rüttelt, findet man sich dank der Mithilfe des Piloten auch als Ungeübter auf dieser „Karte“ zurecht und schon ist man auf Entdeckungsreise, wo ist der Dom, wo das eigene Wohnhaus, wo die Schule? Mit einer Propellermaschine vom Flugplatz aus abzuheben kostet weniger, als man gemeinhin denken möchte. Auch ein Mindestalter für Kinder gibt es nicht. Als Preisbeispiel: eine dreisitzige Maschine kostet bei 20 Minuten Flugzeit inkl. Landegebühren ca. 80 €.

FMD Flugdienst Magdeburg, Tel: 621 62 15, Historische Flüge mit dem Doppeldecker AN 2, Tel: 0177-742 81 54
SWM-Card

25 Aussichtsplattform Deponie Elbauenpark

Zur Spitze der rekultivierten ehemaligen Deponie führt eine vielstufige Treppe. Oben angekommen, steht man 40 Meter über dem Cracauer Anger und der Elbauenpark liegt einem wie eine Spielzeugeisenbahn zu Füßen. Der Blick geht hinüber zur

Skyline der Altstadt, die von den Spitzen der verschiedenen Kirchen dominiert wird.

Elbauenpark, Haupteingang, Tel: 59 57 400
Ticket: Erw. 2,60 €, Kinder 2 €, Familie 5 €, Abendticket ab 16 Uhr nur 1 €

26 Aussichtsplattform Schleuse Rothensee

Im Mai 2001 wurde die neue Schleuse Rothensee dem Verkehr übergeben. Schiffsschleusungen erlebt man als Besucher seitdem aus Logensicht von der Plattform des Kontrollturms. Wer die 98 Stufen auf der Außentreppe erstiegen hat, wird mit tollen Aussichten belohnt. Dabei hat man den Schiffsverkehr ebenso im Blick, wie die beiden Barleber Seen und das Umland. Ein Münzfernrohr leistet gute Dienste.

Straße am Schiffshebewerk, MD-Rothensee, frei besteigbar, P-Platz gegenüber

SCHLEUSENTURM ROTHENSEE: 17 Meter über dem Boden hat man den Schiffsverkehr und auch das Umland – von den Kalibergen im Norden bis zu den Kirchtürmen Magdeburgs gut im Blick

27 Stadthallenturm

Die Sanierung des denkmalgeschützten Turmes war dringend nötig. Ab Mitte 2005 kann der 60 Meter hohe Turm dann voraussichtlich wieder bestiegen werden (oder man nimmt den Fahrstuhl). Von oben hat man dann wie früher einen unvergleichlichen Premiumblick über Magdeburg. Dann wird auch wieder ein Fernrohr montiert sein, mit dem man nach Einwurf einer Münze in die Ferne schauen kann.

Heinrich-Heine-Platz, MD-Stadtpark, Wiedereröffnung im Sommer 2005

STADTHALLENTURM: etwa ab Sommer 2005 kann der weiße Riese wieder bestiegen werden. Von oben sehen selbst die Lastkähne auf der Elbe wie Spielzeug aus. Ein Münzfernrohr erlaubt dann wieder einen Blick in die Ferne

im Umland

28 „Kalimandscharo" Salzhalde bei Zielitz

Die Halde 2 des Kaliwerkes Zielitz kann seit einigen Jahren bestiegen werden. Die zwei Kilometer lange Besteigung entlang von Förderbändern dauert zwei bis drei Stunden und erfolgt ausschließlich im Rah-

BROCKENPLATEAU: Der Gipfelstein auf dem Brockenplateau ist mit 1142 Metern der höchstgelegene Punkt unseres Bundeslandes kann sommers wie winters auf mehreren Routen bestiegen oder befahren werden

men von geführten Wanderungen durch Personal vom Bergwerksverein. Das Mindestalter für Teilnehmer beträgt 10 Jahre. Vom Dach der Halde – 75 bis 90 Metern über dem Gelände – hat man eine ausgezeichnete Fernsicht und erfährt nebenbei auch einiges über den Kalibergbau.

Kaliwerk Zielitz, 39326 Zielitz, Anmeldung üb. Tourismusverband Tel: (039207) 80691 Führungen: Do, Fr, Sa, 14 Uhr ab Kaliwerk
B 189, üb. Wolmirstedt - 22 km - 10 Jahre!

29 Wartenberg Calbe

Den Bismarckturm auf dem Wartenberg sieht man bereits von der Autobahn. Der 30 Meter hohe Turm

BISMARCKTURM AUF DEM WARTENBERG: über 158 Stufen erreicht man die zinnengekrönte Aussichtsplattform und erlebt eine tolle Aussicht auf die Spielzeugautos der A 14

oberhalb des Tierparks erreicht man nach gut einem Kilometer Fußweg. Er wurde 1904 errichtet und kann heute noch bestiegen werden. Über 158 Stufen erreicht man die zinnengekrönte Aussichtsplattform und erlebt eine tolle Aussicht auf die Spielzeugautos auf der A 14 und das Umland.

Wartenberg 1, 39221 Zens b. Calbe/Saale, Tel: (03 92 91) 25 00, Öffnungszeiten des Turms: Sa 14 - 17 Uhr, So 10 - 17 Uhr
A 14, AS Calbe - 30 km - ab 2 Jahren

30 Brockenplateau

Ohne pathetisch zu werden: jeder Sachsen-Anhaltiner muß einmal auf dem höchsten Punkt seines Landes gestanden haben. Die Möglichkeiten für den Anstieg zum 1142 Meter hohen Brockenplateau sind zahlreich: von sehr bequem mit der Harzquerbahn (siehe S. 98), über den kurzen Weg auf der Asphaltstraße ab Schierke (ca. 7 km, 600 Höhenmeter) bis zur anspruchsvollen Wanderung ab Ilsenburg über 15 km und gut 800 Höhenmeter. Für Kinder ist der Brockengarten mit seinen zahllosen geschützten Pflanzen interessant. An Tagen mit ausgezeichneter Fernsicht kann man am Horizont mit bloßem Auge die Türme Magdeburgs sehen.

B 81/6n, Ilsenburg - 88 km - 10 Jahre
B 81, nach Schierke - 95 km - 6 Jahre

31 Bismarckturm auf dem Bierer Berg

Der Bierer Berg (121 m) hebt sich über das Elbtal bei Schönebeck. Zum dort gelegenen Wildpark (siehe S. 43) gehört auch eine Gaststätte und der dortige Bismarckturm. Über 71 Stufen einer engen Wendeltreppe steigt man bis zur Plattform in 17 Meter Höhe. Von oben hat man einen schönen Rundblick bis weit über die Elbe.

Auf dem Bierer Berg, 39218 Schönebeck, Tel: (0 39 28) 84 71 82, geöffnet: Mai-Oktober täglich 9-19 Uhr, November-April täglich 9-17 Uhr, Eintritt Turm und Park frei
A 14, AS Schönebeck - 25 km - 4 Jahre

㉜ Bismarckturm bei Niederndodeleben

Trutzig reckt sich der Bismarckturm auf dem 145 Meter hohen Wartberg bei Niederndodeleben in den Bördehimmel. Über 47 leicht zu ersteigende Stufen erreicht man die Plattform in 12 Metern Höhe, dank ausgearbeiteter Trittflächen in der Ummauerung des knapp hundertjährigen Turms können auch die Kleinen den Blick auf Magdeburg erleben, das sich gut 100 Meter tiefer im Elbtal ausbreitet.

Parkplatz an der Straße Schnarsleben-Niederndodeleben, 500 Meter Fußweg, ganzjährig frei besteigbar
B 1, über Niederndodeleben - 8 km - 4 Jahre

BISMARCKTURM BEI NIEDERNDODELEBEN: Hundert Meter über dem Elbtal stehend liegt einem Magdeburg zu Füßen

㉝ Salzturm Schönebeck

Er ist ein Wahrzeichen der Pfännerstadt Schönebeck – der 300 Jahre alte Salzturm am Marktplatz, früher Teil des Stadttores. Über eine zweizügige Wendeltreppe ersteigt man die 37m hohe umlaufende Aussichtsplattform und blickt über die Elbniederungen bis Magdeburg.

Am Marktplatz, 39218 Schönebeck, Tel: (03928) 710 504, geöffnet April-September
A 14, AS Schönebeck - 22 km - 6 Jahre

Wie Till Eulenspiegel über den Alten Markt fliegen wollte

Hoch auf dem Seil über dem Alten Markt von Magdeburg: Till Eulenspiegel

Der Schalk Till Eulenspiegel hat auch in Magdeburg einmal ein hübsches Stückchen aufgeführt und die ganze Stadt damit zum Narren gehalten: Als er auf seiner Wanderschaft in die Stadt kam und eine Herberge suchte, wurde er gleich erkannt, denn sein Name war damals schon in aller Munde. Die Leute kamen gelaufen und wollten ihn sehen, und viele drängten Till, einen lustigen Streich auszuführen. Andere wollten ihn für ihre geheimen Rachegelüste einspannen, der eine hätte gern seinen Nachbarn einen Schabernack gespielt, der zweite wollte dem Stadtschreiber, der dritte der Frau des Bürgermeisters etwas antun, so daß Eulenspiegel sich keinen Rat mehr wußte und beschloß, der ganzen Stadt einen Possen zu spielen. Deshalb ließ er öffentlich verkünden, „er wolle von der obersten Zinne des Rathauses auf den Marktplatz herabfliegen. Wer das Schauspiel zu sehen wünsche, möge sich zur bestimmten Stunde am Markte einfinden" Da gab es niemand in ganz Magdeburg, der diese Darbietung versäumt hätte. Jung und alt, hoch und niedrig, arm und reich, alle kamen, um Eulenspiegel fliegen zu sehen.

Als die Turmuhr feierlich die Stunde schlug, trat Eulenspiegel auf die oberste Zinne, verbeugte sich nach allen Seiten und machte dann großartige Bewegungen mit den Armen, als ob er fliegen wolle. Totenstille lag über dem Platz, und jeder wartete gespannt auf den Augenblick, in dem Eulenspiegel sich vom Turme lösen und auf den Platz herabsegeln würde. Plötzlich tönte ein lautes Lachen über den Marktplatz, und Eulenspiegel rief hinunter: Ich dachte, ich wäre der einzige Narr in Magdeburg. Aber wie ich sehe, ist die ganze Stadt voll davon! Habt ihr wirklich geglaubt, daß ich fliegen werde? Ich hätte es nicht geglaubt, und wenn ihr alle es beteuert hättet! Ich bin doch keine Gans, noch sonst ein Vogel, ich habe weder Federn noch Flügel, wie soll ich denn fliegen? Ich ließ euch nur sagen, daß ich fliegen W I L L- nun, und ich will ja auch, nur kann ich es leider nicht!" Da mußten alle einsehen, welche Narren sie gewesen waren, daß sie Eulenspiegels Worten geglaubt hatten. Sie gingen wieder nach Hause, die einen schimpften, die andern lachten, aber jeder mußte zugeben, daß Eulenspiegel recht hatte.

Historische Welt

Geschichte ist wirklich spannend. Zugegeben, nach zwei großen Zerstörungen 1631 und 1945 ist vom alten Magdeburg nicht mehr viel übrig. Da muß man schon ein wenig suchen, um die Zeugen vergangener Jahrhunderte zu entdecken. Aber dann steht einer phantastischen Zeitreise nichts mehr im Wege.

MAGDEBURGER DOM
vor fast 800 Jahren wurde mit seinem Bau begonnen. Wer leise durch seine Gänge läuft, spürt den Atem der Ewigkeit

Altes Magdeburg

❶ Kaiserpfalz

Sandsteinquader an Sandsteinquader schichtet sich am Domplatz die Geschichte auf. Die Quader zeichnen die bei Grabungen gefundenen Grundmauern der ottonischen Kaiserpfalz aus dem 10. Jahrhundert nach. Sie war eine Residenz für Kaiser Otto I. Um diese Zeit war Magdeburg eine kleine, mit Holzschanzen befestigte Burganlage auf dem Hochufer der Elbe. Der Burgwall zog sich dabei halbkreisförmig um die Pfalz herum. Aus heutiger Sicht verlief er unter Nord LB und Hundertwasserhaus zum Kloster. Ein Teil der Ausgrabungen wurde über Sichtschächte und Glasabdeckungen sichtbar gemacht. Leider hängt an den Scheiben immer ein wenig Schwitzwasser, sonst könnte man die freigelegte Feuerstelle aus karolingischer Zeit (8./9. Jhr) in zwei Meter Tiefe besser erkennen.

Domplatz, MD-Altstadt, frei zugänglich

KAISERPFALZ OTTOs DES GROSSEN: Die aus Sandsteinquadern nachgebildeten Grundmauern sind ein echter Ort zum Atem anhalten. Denn vor über tausend Jahren, als hier die Lieblingspfalz von Kaiser Otto dem I. stand, wurde von Magdeburg aus europäische Politk gemacht.

❷ Magdeburger Dom

Die Türme des Domes ragen seit gut 500 Jahren in den Himmel und sind das weithin sichtbare Wahrzeichen der Stadt. Jeder Magdeburger sollte mindestens einmal in „seinem" Dom gewesen sein. Spezielle Führungen für Familien werden zwar nicht angeboten, aber ab 6 bis 8 Jahren kann man an den allgemeinen gut teilnehmen. Das am Eingang stehende Dom-Modell eignet sich gut für einfache Erklärungen zu dem 105 Meter hohen Koloß aus Sandstein. Allein drei Jahrhunderte (1209-1520) hat es gedauert, um ihn zu errichten. Spannend ist die im Domschiff stehende, sechzehneckige Kapelle, in der ein Königspaar sitzt. Die Magdeburger sind sich einig, daß es sich um Kaiser Otto I. (912-973) und seine Editha handelt. Im Hohen Chor steht auch der Steinsarkophag für Otto, der hier seine Grablege fand. Am Barlachdenkmal kann man für die Opfer der Kriege eine Gedenkkerze entzünden, im Sommer wandelt man durch den Kreuzgang und läßt sich auf der Wiese im Innenhof nieder. Besteigungen der Türme – deren Mauern sind am Fuß vier Meter dick – sind nicht möglich. Erlebenswert ist dagegen, wenn Domküster Uwe Jahn um 18 Uhr allen Besuchern mit melodiösem Bass „Der Dom wird abgeschlossen" singend die herangerückte Schließzeit mitteilt.

Am Domplatz, MD-Altstadt, tägl. 10-18 Uhr (Winter bis 16 Uhr), Domführung tägl. 10 Uhr

MAGDEBURGER DOM: ob alt ob jung – wer durch die Gänge des Domes wandelt, kann Geschichte pur erleben, wer dabei leise genug ist, spürt den Atem der Ewigkeit

ALT-MAGDEBURG: Der Bogendurchgang hinter dem Dom ist ein Stadttor von 1493 und die dahinter aufragende Möllenvogtei zugleich das älteste Haus der Stadt

3 Alt-Magdeburg

Der große Stadtbrand von 1631 und die Bombardierungen von 1944/45 haben dafür gesorgt, daß vom alten Magdeburg nur noch wenig erhalten ist. Das zusammenhängendste Stück des alten Magdeburg findet man zwischen Dom und Fürstenwall. Die Alte Möllenvogtei – das älteste Haus der Stadt – duckt sich dabei in den Schatten des Doms. Daneben geht es durch ein wunderschönes altes Stadttor von 1493 hinunter in den erst vor Jahren sanierten Möllenvogteigarten. Diese aus dem erzbischöflichen Baumgarten hervorgegangene Anlage hat einen tollen Tiefbrunnen und reicht bis in die Entstehungszeit des Magdeburger Altstadtkerns zurück. Über dem Garten ragt der Fürstenwall auf, ein erhaltenes Stück der alten Stadtmauern. Der verwunschen wirkende Remtergang verbindet ihn mit dem Domplatz.

KAROLINGISCHE FEUERSTELLE AM DOMPLATZ: durch dicke Glasscheiben schaut man auf dem Domplatz mehr als tausend Jahre zurück – auf eine Feuerstelle aus karolingischer Zeit, zwei Meter tief unter dem heutigen Bodenniveau

4 Kloster Unser Lieben Frauen

Die Klosteranlage hoch über der Elbe ist das älteste erhaltene Bauwerk der Stadt. Die Kirche im romanischen Stil gehörte früher zu einem Prämonstratenserstift. Baubeginn der Kirche war 1064 – und damit gut 200 Jahren früher als der Dom. Die letzten Mönche zogen allerdings bereits vor 400 Jahren aus, heute ist die Anlage ein Museum (siehe auch S. 57). Der Untere Kreuzgang mit grünem Innenhof, Tonsur, der Hochsäuligen Kapelle und dem Refektorium, dem früheren Speisesaal der Mönche erzählt noch viel über das einstige Leben hier. Auf geführten Touren (Anmeldung 14 Tage vorher notwendig) können Familien viel über das Mönchsleben erfahren. Dazu kann man mit dem Federkiel schreiben und das Gelernte zum Abschluß in dem Spiel „Mönch ärgere Dich nicht" ausprobieren.

Regierungsstraße 4-6, MD-Altstadt, Tel: 565 02 17, Di-So 10-18 Uhr, Familien-Führungen (ab 3 Jahre) sind kostenfrei, www.kunstmuseum-magdeburg.de

5 Torbogen Bärstraße

Bei gezielten Vernichtungsangriffen englisch-amerikanischer Bomberflotten wurde die Altstadt Magdeburgs im Januar 1945 nahezu vollständig ausgelöscht. Der Wiederaufbau des Trümmerfeldes begann an der Bärstraße, heute erinnert daran ein Relief auf dem Durchfahrtsbogen. Gleich gegenüber auf dem Breiten Weg stehen zugleich zwei erhalten gebliebene Barockhäuser, die die alte Pracht des Breiten Weges erahnen lassen.

Bärstraße, Ecke Breiter Weg (zw. Alleecenter und Hundertwasserhaus), MD-Altstadt

Machteburjer Orjenale

An der Stadtmauer unterhalb der Magdalenenkapelle hat der Bildhauer Eberhard Roßdeutscher sechs Magdeburger Originale aus längst vergangenen Zeiten in den Kalkstein gehauen. Die Bilder zeigen von links nach rechts:

Affenvater
ein armer Leierkastenmann, der mit seinem kleinen Äffchen musizierend von Hinterhof zu Hinterhof zog, immer in der Hoffnung, dabei ein wenig Geld zu bekommen.

Blutappelsine
ein dralles Marktweib, das sommers wie winters hinter seinem Marktstand am Alten Markt zu finden war. Ihre Wangen leuchteten dabei ebenso wie die blutroten Orangen vor ihr in den Körben.

Schlackaffe
wenn er den Elbschiffern bei der Arbeit half, gab es für den Tagelöhner als Bezahlung Fisch. Den steckte er in die Taschen seiner Jacke, um ihn alsbald zu verkaufen. Seine vom Fisch „verschlackte" Jacke hinderte ihn nicht, danach sofort ein Wirtshaus anzusteuern.

Lusenbenecke
der hatte offenbar nicht viel für das regelmäßige Waschen übrig. Wenn er mit Hut, Stock und langem Mantel durch die Gassen stolzierte, war sein ebenso schmuddeliger Hund immer mit dabei, dafür hielten die Bürger der Stadt wegen seines üblen Geruchs gebührenden Abstand.

Fliejentuten-heinrich
war ein fliegender Händler, der mit seinen Fliegenleimbändern – den Fliejentuten – durch die Stadt zog. Er war schon von weitem durch seinen wiegenden Gang und den Melonenhut zu erkennen.

Feuerkäwer
eine stadtbekannte Frau mit flammend rotem Haar, die einen kleinen Tabakladen hatte, vor dem schon zur Mittagszeit die Männer auf und ab stolzierten, denn sie wußten, daß Feuerkäwer ihre Mittagspause nicht gern allein verbringen wollte.

MEGEDEBORCH: seit zehn Jahren wird auf dem Innenhof des Museums auf spielerische Weise Geschichte erlebbar gemacht und Kinder sind mitten dabei

STEINZEITSIEDLUNG RANDAU: Leben und Arbeiten wie vor 4500 Jahren werden hier für Besucher erlebbar gemacht

6 Steinzeithäuser von Randau

Die reetgedeckten Häuser am Waldrand bei Randau sind schon von weitem gut zu erkennen. An diesem Platz wurden 1940 die Reste eines 4500 Jahre alten, steinzeitlichen Pfostenhauses entdeckt. 2001 begann ein AQB-Projekt mit der Neuanlage einzelner Häuser, die wie in alter Zeit durch einen Palisadenwall geschützt werden. Seither lädt der ehrenamtliche Förderverein um Günther Flossmann Besucher zu einem Mitmachprogramm ein, Steinzeit zum Anfassen sozusagen. Da wird im Lehmofen Brot gebacken, eine Ausstellung im Langhaus zeigt Leben und Arbeiten der Menschen damals und vorgeführte steinzeitliche Handwerkskünste vom Lehmstampfen bis zum Bogenschießen vermitteln einen Eindruck vom Leben unserer Vorfahren.

Am Mühlberg, Randau, Mai-Oktober Mo-Fr 9.30-15.00 Uhr, Sa/So/FT 9.30-16.30 Uhr. Anmeldung unter (03928) 404598

7 Slawisches Dorf in Pechau

Auf dem Gemeindehof in Pechau können Rekonstruktionen slawischer Hütten sowie die Ausstellung „Die slawische Besiedlung des ostelbischen Raumes vom 8. bis zum 12. Jahrhundert" besichtigt werden. Für Schulklassen besteht die Möglichkeit, im „Historischen Hof" Projekttage zu gestalten. 200 Meter östlich vom Gemeindehof ist an der Buswendeschleife das Dorf zuende und man schaut auf den gegenüberliegenden, noch gut erkennbaren Burghügel der historischen Slawenburg. Eine bebilderte Infotafel beantwortet nahezu alle offenen Fragen.

Breite Straße, MD-Pechau, Kontakt: Herr Flossmann 03928-404 795

8 Megedeborch

Seit 1996 hat auf dem Innenhof des Museums das Mittelalter Einzug gehalten. Das Historische Spiel „Megedeborch um 1200“ ist ein museumspädagogisches Projekt während der Sommerferien, ein Versuch, die Gegenwart im „Zeittunnel“ mit dem Wechsel der Bekleidung abzulegen und einzutauchen ins Mittelalter: in die verräucherten Gassen der Stadt Megedeborch mit ihren niedrigen Handwerkerstuben, der rußgeschwärzten Schänke, dem Marktplatz mit dem Pranger. Incognito wird der Besucher Zeuge öffentlicher Ratsversammlungen, von Märkten und Prozessionen. Das jährlich wechselnde Geschehen ist eng mit der Geschichte Magdeburgs verbunden. Während der laufenden Spielzeit sind Kurzbesuche von Einzelpersonen und Gruppen möglich, dienstags bis freitags von 10.00 bis 14.30 Uhr, in den Ferien bis 15.30 Uhr. Viermal im Sommer, jeweils von 10 bis 14 Uhr, sind Öffentliche Markttage.

SLAWISCHES DORF PECHAU: Erinnerung an die Besiedelung vor über 1200 Jahren

Megedeborch, Mai bis September, Anmeldung im Sekretariat d. M., Tel: 540 35 01

Große Namen

Diese Magdeburger sind so berühmt, daß sie aus Metall gegossen in der Stadt stehen.

Dr. Martin Luther

1483-1546

Der Begründer des Protestantismus. Berühmt sind seine Thesenanschläge zu Wittenberg gegen den Ablaßhandel und das Machtgefüge der katholischen Kirche. In Magdeburg lebte und predigte er im Sommer 1524 und trug wesentlich dazu bei, die Stadt zum Hort der Reformation zu machen.

an der Johanniskirche, Altstadt

Eike von Repgow

um 1180-1235

Rechtsgelehrter, der den Sachsenspiegel schrieb, das älteste Rechtsbuch des Mittelalters. Darin fixierte er die bis dahin mündlich übertragenen Gewohnheitsrechte erstmals schriftlich.

Hallische Str./Ecke Carl-Miller

General Friedrich Wilhelm v. Steuben

1730-1794

Erst Offizier unter Friedrich dem Großen, ging er 1777 nach Amerika, wurde dort Generalinspekteur der amerikanischen Armee und zu einer der großen Persönlichkeiten des Nordamerikanischen Unabhängigkeitskrieges von 1775-1783.

Harnackstraße/Ecke Planckstraße

Otto von Guericke

1602-1686

Der Universalgelehrte wies mit seinen Experimenten die Existenz des Luftdrucks nach und demonstrierte mit den berühmten Halbkugelversuchen dessen ungeheure Kraft. Zugleich war Guericke lange Jahre Bürgermeister Magdeburgs. Als solcher erlebte er die Zerstörung der Stadt 1631.

Alter Markt/ Bei der Hauptwache

9 Der grüne Ring

Es ist gerade mal 120 Jahre her, da war Magdeburg noch von tiefgestaffelten Verteidigungswällen umgeben. Die Stadt erstickte geradezu daran und hinein kam man nur auf verschlungenen, bestens bewachten Wegen. Noch heute künden zahllose Straßennamen wie Buckauer Tor, Krökentor oder Sternstraße von dieser Festungszeit. Im 18. Jahrhundert soll es sogar Pläne der Militärs gegeben haben, die Stadtfläche vollständig zu vereinnahmen und die Magdeburger in die Dörfer auszuquartieren. Ein im Aufbau befindlicher Rundweg, genannt der Grüne Ring führt entlang der Reste dieser Verteidigungsanlagen einmal rund um die Altstadt. Man erkundet ihn am besten mit dem Fahrrad, den beeindruckendsten Teil dieses Weges durch die Glacisanlagen kann man auch recht gut zu Fuß entdecken.

B Bastion Braunschweig

Der heutige Luisenpark war einst Teil des äußeren Festungsgürtels. Dieser war dem Hauptwall vorgelagert und bestand aus ineinander verschachtelten Verteidigungswerken. Ein Teil der Mauern ist noch heute zu sehen.

R Ravellin zwei

Ein Ravellin war eine spitz zulaufende Vorschanze, die den dahinter liegenden Hauptwall gegen Artilleriefeuer schützen sollte. Diese Vorschanzen sicherten sich durch genau ausgezirkelte Abstände auch gegenseitig. Das ihnen vorgelagerte Gelände (Glacis) war unbebaut und durch die Verteidiger gut zu beschießen. Erhalten geblieben ist das (auf der Zeichnung eingekreiste) innere Doppelkaponniere der Torzufahrt.

F Fürstenwall und Kiek in de Köken

Am Fürstenwall ist ein Stück mittelalterlicher Stadtmauer mit einem der Wachtürme (1434) erhalten geblieben. Der Volksmund nannte ihn treffenderweise „Kiek in de Köken – Guck in die Küche" weil man vom Wachturm direkt in den gegenüberliegenden Küchentrakt des Erzbischofs von Magdeburg sehen konnte.

Turm Kiek in de Köken, Fürstenwall, seit Sommer 2003 ist der Turm wieder begehbar, auch Ausstellungen

K ESKARPENMAUER IM GLACIS: auf gut 900 Metern Länge steht im Glacis ein Stück der alten Stadtmauer. An ihrem Fuß verläuft der Weg des Grünen Rings

M Festung Mark/Hohepfortewall

In der letzten Phase des Festungsbaus entstand 1863/65 die Defensionskaserne Mark für gut 800 Soldaten, zugleich letztes Hindernis der Wallanlagen. Durch das Zwingertor gelangt man auch heute noch in den Innenhof, dier nach Süden durch die mittelalterliche Stadtmauer begrenzt wird.

P Bastion Preußen

Die Bastion gehörte einst zum Inneren Gürtel der Festung (Bau 1702-1717). Heute sind noch Teile des alten Eisenbahntores und ein gut zweihundert Meter langes Stück Mauer vorhanden. Die Kanone unterhalb der Bastion ist dagegen „nur" ein Nachguß.

L Lukasklause

Der sechseckige Welsche Turm an der Lukasklause ist mehr als 700 Jahre alt. Der Turm war Teil der mittelalterlichen Stadtbefestigung, hier gelang Tillys Truppen im Dreißigjährigen Krieg der entscheidende Einbruch in die Stadt. Auch heute noch ist der Turm beeindruckend in seinen Ausmaßen: Die Gesamthöhe beträgt 21,70 Meter und der Durchmesser 11,42 Meter. Im Erdgeschoß ist das Mauerwerk 1,42 Meter stark.

Lukasklause, Schleinufer 1

BURGRUINE REGENSTEIN: vor 800 Jahren stand hier die erste Burg, später wurde sie zur preussischen Festung ausgebaut. Heute entdeckt man die zahlreichen Überbleibsel der Vergangenheit

Burgen im Umland

10 Burgruine Regenstein

Am nördlichen Harzrand, nahe Blankenburg liegt auf einem 300m hohen Felsrücken die geschliffene Ruine der ehemaligen Burg und Festung Regenstein. Die Burg hat bereits im 12. Jahrhundert bestanden. Erhalten sind in den Sandstein gehauene Felsräume, u.a. Teile eines runden Bergfrieds (Durchmesser 8,3m), eine Zisterne und das Burgverlies. Wegen der vielen, in den Fels gehauenen Gänge wirkt der obere Teil des Felsens ziemlich zerlöchert. Im 18. Jahrhundert wurde der Felsen von Preußen zu einer starken Festung ausgebaut, aber noch während des siebenjährigen Krieges auf Befehl Friedrichs des Großen geschleift. Aus dieser Zeit stammt auch das bullige Festungstor, durch das man die Anlage betritt. Zu besichtigen sind noch Kasematten in den weit in das Gelände vorgezogenen Bastionen, der überwölbte Torbau sowie große Teile der Wälle und Gräben. Zu den Attraktionen gehören seit jüngerem die in historischen Kostümen nachgestellten Kämpfe um die Festung.

Am Platenberg, 38889 Blankenburg, Tel: (03944) 61290, April-Okt: tägl. 10-18 Uhr, Nov-März: Mi-So 10-16 Uhr, Parkplätze ca. 1000 m von der Burg
B 81 bis Blankenburg – 65 km – 6 Jahre

ROSEBURG: verwunschen und umrankt wie ein Dornröschenschloß ragt die Roseburg über dem Tal auf. Wer in den Turmzimmern übernachtet, hat gute Chancen, den ruhelosen bleichen Ritter durch den Park geistern zu sehen

11 Roseburg Ballenstedt

Verwunschen wie ein Dornröschenschloß wirkt die kleine Roseburg bei Ballenstedt. Der Burgherr muß ein hoffnungsloser Romantiker gewesen sein, denn auch der in den 1920er Jahren angelegte Park ist voll von verträumten Ecken, Skulpturen, Schmuckelementen und verwunschenen Wegen. Die Burg ist heute in Privatbesitz, kann aber frei besucht und besichtigt werden Mehr noch: man darf hier auch übernachten. Weil sich wie bei jeder richtigen Burg eine Sage um die Gemäuer rankt, kann es gut sein, daß man beim nächtlichen Blick aus dem Turmfenster den ruhelosen Geist des Ritters sieht, der noch heute über die Burganlage wacht und dafür Sorge trägt, daß die Erinnerung an die weiße Eule bewahrt bleibt. Wer immer dem bleichen Ritter begegnet, der bestätige ihm den Erhalt der Eulenfigur und verweise auf den Standort im Gewölbe des Georgturms.

Auf der Roseburg, 06493 Ballenstedt, www.roseburg-harz.de, Tel: (039 483) 209, Eintritt Erw. 1,50 €, Kinder 0,50 €
B 81 bis Blankenburg – 65 km – 6 Jahre

12 Burg Falkenstein

Der Tipp von: MÜLLER

Hoch über dem Selketal thront die Burg Falkenstein. Sie stammt aus dem 12. Jahrhundert und zählt zu den besterhaltensten Burgen des Harzes. Vom Reiterhof Pansfelde aus führt ein zwei Kilometer langer Wanderpfad zur Burg, der Weg aus dem Selketal ist kürzer, aber umso steiler. Eine Alternative sind die Kremserkutschen ab Pansfelde (Erw. 2 Euro, Kind 1 Euro). Kaum ein anderer Ort ist für Kinder so geeignet, um sich einmal als echte Ritter fühlen zu können. Dieses tolle Gefühl beginnt bereits an den dicken Burgtoren, den Zwingern zur Abwehr von Angreifern und der tollen Aussicht von den zinnengekrönten Mauern. In die innere Burg gelangt man durch ein weiteres enges Tor. Im Burgmuseum erlebt man die heute noch voll funktionstüchtige Burgküche oder den Rittersaal mit eingedecktem Tisch. Wer sich traut steigt die engen Treppen hinauf auf die Aussichtsplattform des Bergfrieds. Ein echtes Erlebnis sind die Flugvorführungen der Falknerei. Greifvögel wie Falken, Adler, Bussard, Geier und Uhu können dabei im freien An- und Abflug bewundert werden. In der Hauptsaison finden außer montags täglich Vorführungen statt.

Burg Falkenstein, 06543 Pansfelde, Tel: (034743) 81 35; April-Okt: Di-So 10-18 Uhr, Nov-März: Di-So 10-16.30 Uhr, Eintritt: Erw. 4 €, Kind 2,20 €, Fam. 10 €, Falknervorführungen Di-Fr 11/15 Uhr; WE/FT 11/14/16 Uhr, www.burg-falkenstein.de

B 81/B180, über Aschersleben – 60 km – 4 Jahre

FALKNERVORFÜHRUNGEN AUF BURG FALKENSTEIN: zwei bis dreimal pro Tag wird auf Burg Falkenstein die Falknerskunst mit freifliegenden Greifvögeln vorgeführt.

BURG FALKENSTEIN: sie gilt als die schönste und besterhaltene Höhenburg des Harzes. Von den Zwingeranlagen für die Verteidigung bis zum trutzigen Bergfried – kaum ein anderer Ort ist besser geeignet, sich als echter Ritter zu fühlen

zur Vor- und Frühgeschichte (ca. 1 Stunde), Nachtwächterführungen durch den Altstadtkern (für größere Kinder) oder zur Burgeschichte mit Erklärungen zum Leben auf einer Burg im Mittelalter (ca. 1,5 h). Hier ist auch eine Führung durch den Burgherrn in mittelalterlichem Gewand möglich. Alle Führungen schließen mit einer Besteigung des 36 m hohen Bergfriedes ab.

39435 Egeln, Tel: (039268) 32194, Zutritt frei, Burg-Museum: Di-Fr und So 14 - 16 Uhr, Führungen (auf Voranmeldung) Erw. 2 €, Kinder 0,50 € + pro Gruppe 5 Euro.

B 81 – 21 km – ab 3 Jahren

WASSERBURG EGELN: die gut 800 Jahre alte Wasserburg wird vom lokalen Bürgerverein liebevoll betreut und Kinder werden vom Burgvoigt auf Erlebnistouren durch die Burg geführt

13 Wasserburg Egeln

Gute 800 Jahre ist die Egelner Wasserburg von Egeln alt und bestand früher aus einer Vor- und einer Kernburg. Von der Vorburg ist heute nicht mehr viel zu sehen, statt einer Zugbrücke gibt es eine Zufahrt. Dafür ist die Burg auf den anderen Seiten vom Wassergraben umgeben und wurde vom engagierten Bürgerverein Stück für Stück saniert. Gute Gelegenheiten für einen Besuch sind die regelmäßig stattfindenden Mittelaltermärkte auf dem Innenhof. Möglich sind auch Führungen

KONRADSBURG ERMSLEBEN: im 200 Jahre alten Brunnenhaus darf jeder selbst einmal „Esel" sein und im gut vier Meter hohe Tretrad laufen. Gute zehn Minuten dauert es jedoch, um den Eimer aus 46 Metern Tiefe heraufzuholen

14 Konradsburg Ermsleben

Von der Konradsburg auf einer Anhöhe hinter Aschersleben ist trotz des dicken Burgtores nicht viel Wehrhaftes übriggeblieben. Dabei existiert sie bereits seit dem 11. Jahrhundert und war ursprünglich der Stammsitz eines alten Adelsgeschlechts. Diese Edelherren errichteten später auch die Burg Falkenstein im Selketal. Trotzdem, bei einer kleinen Führung läßt sich hinter den Mauern der noch stehenden Gebäude manches Spannende zum Leben der Burgherren entdecken. So die Schwarze Küche, ein original eingerichteter Küchenraum oder der 46 Meter tiefe Burgbrunnen im 200 Jahre alten Brunnenhaus. Dessen Eimerwinde wird über ein riesiges Laufrad angetrieben, in dem früher ein Esel arbeitete. Phantastisch für große und kleine Kinder: Wer möchte, darf selbst einmal „Esel" sein und im Tretrad laufen. Dann braucht man allerdings Ausdauer, denn gute zehn Minuten dauert es schon, bis ein Eimer hochgeleiert ist. Der Förderkreis Konradsburg e.V. bietet darüber hinaus für Kinder und Jugendliche der verschiedenen Altersgruppen an vier historischen

Stätten Stunden bzw. Tagesprogramme mit umfangreichen Aktivitäten an. Dazu gehören handwerkliche Arbeiten wie Spinnen, Filzen, Stämme schälen oder Lehmsteine herstellen. Schöne Gelegenheiten für einen Besuch sind Veranstaltungen wie das Burgspektakulum oder die Burgweihnacht, ein zweitägiger mittelalterlicher Weihnachtsmarkt.

Auf der Konradsburg, 06463 Falkenstein OT Ermsleben, Tel: (034743) 92565, April-Okt 10-17 Uhr, November-März 10-16 Uhr, Sa/So/FT je eine Stunde länger, Eintritt frei, www.konradsburg.com

B 81/B180, ü. Aschersleben – 53 km – 4 J.

SCHWARZE KÜCHE AUF DER KONRADSBURG: da möchte man Märchenlieder anstimmen – Heute back ich, morgen brau ich, übermorgen hole ich mir der Königin ihr Kind...

15 Tangermünder Burg

Das gut 50 Kilometer elbabwärts gelegene Tangermünde hat eine bestens erhaltene mittelalterliche Altstadt. Und erst die Verteidigungsanlagen: Die zur Elbseite gut 10 Meter hohe wehrhafte Stadtmauer umschließt fast lückenlos den historischen Stadtkern und kann ausgezeichnet zu Fuß umrundet und entdeckt werden. Ein Highlight ist dabei das elbseitige Stadttor, die Roßfurt. Aber das ist noch nicht alles, denn über allem thronen auf einem gewaltigen Elbfelsen die Reste der fast tausend Jahre alten Reichsburg, die zu den größten Backsteinburgen Norddeutschlands zählt. Von der Stadtseite her gelangt man durch ein Backsteintor auf den Innenhof. Hier residierte im 14. Jahrhundert Kaiser Karl IV, der die Tangermünder Burg neben dem Prager Hradschin zu seiner Residenz erhoben hatte. Trotz Zerstörungen im Laufe der Jahrhunderte läßt sich anhand der vorhandenen Gebäude der Glanz dieser Zeit erahnen. Die Kernburg befindet sich im Westen der Anlage, erhalten sind im inneren Burghof die Kanzlei (14. Jh,) der Gefängnisturm und von den Wällen hat man einen tollen Blick über die Elbe und ihre Niederungen.

Stadtmauer und Burg Tangermünde, frei zugänglich, Stadtinfo: (039322) 22393 www.tangermuende.de

B 189 – 54 km – 6 Jahre

TANGERMÜNDER BURG: im 14. Jahrhundert residierte hier Kaiser Karl IV. , heute kann man die mächtigen Mauern rings um die Stadt erleben

STIFTSBURG QUEDLINBURG: eine Bilderbuchburg auf hohem Sandsteinfelsen, angefangen von der steilen Auffahrt und dem schweren Tor bis zum gräflichen Blick vom Burgberg über die hingeduckte Altstadt

16 Schloß Altenhausen

Der Begriff Schloß führt in die Irre, denn Altenhausen erinnert eher an eine Ritterburg. Die Anlage im Ohrekreis ist heute in Privatbesitz und wurde zum Pony-Schloß für Kinder umgebaut. Deshalb geht es hier von früh bis spät um Welsh-Ponys, eine Ponyrasse aus England, wo sie seit über 800 Jahren gezüchtet wird. Kinder können hier zu Klassenreisen oder zu Kinderferien kommen. Dabei kann man wählen, ob Reitunterricht dabei sein soll.

Schloßstraße 16, 39343 Altenhausen, Tel: (039 052) 922 22, www.altenhausen.de
A2, AS Eilsleben – 35 km – 6 Jahre

WASSERBURG GOMMERN: eine Burganlage wie gemalt. Auf einer Brücke überquert man den Wassergraben, durch das doppelflüglige Tor kommt man dann in den Innenhof

17 Quedlinburger Burg

Daß die über Quedlinburg thronende mittelalterliche Stiftsburg mit ihrer romanischen Stiftskirche zum UNESCO-Weltkulturerbe gehört, ist Kindern vermutlich egal. Viel spannender ist schon, daß es sich dabei um eine Bilderbuchburg auf hohem Sandsteinfelsen handelt. Das Abenteuer beginnt deshalb schon beim steilen kopfsteingepflasterten Aufstieg, den sich früher noch die Pferdewagen hochquälen mußten. Deren Schleifspuren sieht man noch in der engen Durchfahrt hinter dem Haupttor. Oben, 30 Meter über der Stadt, angekommen, fühlt man sich schnell als echter Burgherr. Die Dächer der darunterliegenden Stadt rücken dabei so eng an den Schloßberg heran, daß man manch einem geradezu die Kirschkerne in den Hof spucken kann. Welch eine Vorstellung!

Schloßberg 1, 06484 Quedlinburg, Burgberg ist frei zugänglich
B81, Kroppenstedt links – 53 km – 4 Jahre

18 Wasserburg Gommern

Die über tausend Jahre alte Burg war einst von strategischer Bedeutung im ostelbischen Gebiet. Nach dem Wiederaufbau 1579 diente sie als Jagdschloß des sächsischen Fürsten. Die geschichtsträchtige Burganlage ist immer noch von einer geschlossenen Ringmauer und einem Burggraben umgeben. Über eine Brücke und durch das bunte Tor gelangt man auf den Innenhof. Der mächtige schon von weitem sichtbare „Zwiebelturm" gilt als Wahrzeichen der Stadt. Den Torturm kann man sogar besteigen und weit über Gommern in die Elbauen schauen, nach einer Betreiberinsolvenz harren die Gebäude derzeit der kommernden Dinge.

Walther-Rathenau-Straße 9-10, 39245 Gommern, Tel: (039200) 2123
B 1/B 184 - 25 km – 4 Jahre

Die Erstürmung Magdeburgs 1631

Wie die Stadt im 30-jährigen Krieg erobert wurde und in Schutt und Asche versank

Im 30-jährigen Krieg (1618-1648) war das protestantische Magdeburg ein Bündnis mit dem Schwedenkönig Gustav Adolf eingegangen und hatte sich damit als einzige Hansestadt offen gegen den deutschen Kaiser und das Reich gestellt. Die Stadt wurde mehrfach von kaiserlichen Truppen belagert, zuletzt 1629, konnte aber lange Zeit nicht eingenommen werden. Wie alle Städte in dieser Zeit war das alte Magdeburg von dicken Mauern und vorgelagerten Festungswerken, sogenannten Schanzen, umgeben. Die Stadtfläche war damals viel kleiner, als wir sie von heute kennen und reichte etwa vom Dom bis zum Universitäts-Platz und von der Elbe bis zur heutigen Otto-von-Guericke-Straße. Im März 1631, dem 13. Kriegsjahr, war die Stadt wieder einmal von etwa 30.000 Mann kaiserlicher Truppen unter Freiherr von Tilly umzingelt. Zur Verteidigung standen nur gut 8.000 Mann, zumeist Bürger der Stadt, unter Waffen.

Ende März begannen Tillys Truppen mit dem Angriff auf die Stadt. In nur wenigen Tagen wurden nahezu alle Schanzen vor der Stadt eingenommen und am Ende auch die wegen ihrer Elbbrücke strategisch wichtige Zollschanze. Mehr noch: die niedergemetzelten Besatzungen der Schanzen wurden in die Elbe geworfen und trieben zum Schrecken der Verteidiger auf der Elbe vorbei. Obwohl die Armee des Schwedenkönigs Gustav Adolf zeitgleich Richtung Magdeburg vorrückte, um ihr zu helfen, verhandelte Tilly bis zuletzt mit dem Stadtkommandanten Oberst Dietrich von Falkenberg und den Stadträten, um eine Übergabe der Stadt zu erreichen, zuletzt mit einem Ultimatum am 8. Mai 1631. Das Ausschlagen eines Ultimatums aber bedeutete nach den damaligen Kriegsregeln, daß es im Falle der Erstürmung keine Gnade gegenüber den Bewohnern geben würde, ihr Besitz zur Plünderung durch die Soldaten freigegeben war.

Die Erstürmung der Stadt begann am 10. Mai 1631 gegen 7 Uhr in der Frühe von allen drei Landseiten bestürmten Angreifer die Stadt. Der Türmer von St. Johannis blies das Sturmsignal und steckte zugleich die weiße Kriegsfahne auf. Aber zu spät: Tillys Truppen gelang es am Neuen Werk, zwischen Hohe Pforte Tor und Elbe, den Graben zu überqueren und über die nicht fertiggestellten Wallverstärkungen in die Stadt einzudringen. Um 9 Uhr war Magdeburg in den Händen der Kaiserlichen und die Stadt und ihre Bewohner wurden – wie es damals üblich war – für drei Tage zur Plünderung freigegeben. Der infolgedessen einsetzende Stadtbrand vernichtete mehr als 90 % der etwa 1900 Häuser in der Altstadt. Das mittelalterliche Magdeburg war innerhalb weniger Stunden untergegangen.

STURM AUF DIE STADT: die kaiserlichen Truppen dringen am Neuen Werk ein, Magdeburg ist verloren

LUKASKLAUSE: etwa an dieser Stelle brachen 1631 die Truppen Tillys in die Stadt ein

Neugierig: Esel im Wildpark Bierer Berg

Tiere erleben

Ob riesenhafte Elefanten, gutmütige Esel oder zarte Schmetterlinge – in den Tiergärten in und um Magdeburg, aber auch in Wald und Flur haben Kinder jede Menge zu entdecken.

❶ Wildgehege Haus Hubertus, Colbitz

Versteckt im Wald hinter Colbitz liegt die Waldgaststätte „Haus Hubertus". Gleich unterhalb der Speiseterrasse beginnt ein weitläufiges Hirschgehege als Freizeitbetrieb des Wirts. Ein mächtiger Zwölfender führt seine kleine Herde an. Die Tiere sind sehr zutraulich und kommen ganz dicht an das Gatter heran. Den Besuch verbindet man vielleicht mit einem Essen im rustikalen Gasthaus. Wegen seiner Waldlage fernab vom Verkehr können Kinder auch sonst ungefährdet die Umgebung des Hauses erkunden.

Haus Hubertus, Am Spitzen Berg 1, 39326 Colbitz, Tel: (03 92 07) 85 80, Öffnungszeiten der Gaststätte: Mo-Fr ab 17.00 Uhr, Sa/So ab 10.00 Uhr

B 189, hinter Colbitz links - 21 km - 3 Jahre

WILDGEHEGE HAUS HUBERTUS: Auge in Auge mit dem Platzhirsch, einem kapitalen 12-Ender, wird die Wildfütterung am Haus Hubertus zum Erlebnis

❷ Wildpark Weißewarte

Der Wildpark umfaßt ein Gelände von 15 ha und beheimatet ca. 400 Tiere in 50, zumeist einheimischen Wildarten. Eindrucksvoll ist der großer Bestand an weißen Damhirschen, dazu kommen Raubtiere wie der Luchs, Wildschweine oder Eulen. Ein urwüchsiger Baumbestand mit 300-jährigen Eichen bestimmt den Charakter des Wildparks. Darin eingebettet ist ein rustikaler Kinderspielplatz mit freifahrenden Elektroautos und einer bezaubernden Parkeisenbahn.

Lindenstraße 8, 39517 Weißewarte, Tel: (0 39 35) 21 40 07, Mo-Fr 9-18 Uhr, Sa/So 10-16 Uhr, Sommer bis 18 Uhr, Erw. 3 EUR, Kind 1,50 EUR, www.wildpark-weißewarte.de

B 189 Richtg. Tangerhütte - 48 km - 3 Jahre

❸ Schmetterlingshaus Elbauenpark

Sie sind wohl die zartesten und zugleich schönsten Geschöpfe dieser Erde: die Schmetterlinge. 200 Falter in 25 Arten von vier Kontinenten sind im Schmetterlingshaus des Elbauenparks zu bewundern. Auf gepflasterten Pfaden geht die Entdeckungsreise durch das gläserne Paradies und bei tropischem Klima von 28-29 Grad und bis zu 90 % Luftfeuchtigkeit finden die bunten Falter einen excellenten Lebensraum. Schautafeln zeigen den Lebenszyklus des Schmetterlings: beginnend mit dem Ei, verpuppt sich die daraus schlüpfende Raupe. Nach einer Umwandlungszeit platzt die Puppenhaut und ein farbenprächtger Falter schlüpft.

im Elbauenpark, MD-Herrenkrug, Eingang Breitscheidstraße, Öffnungszeiten: ganzjährig und täglich 10.00-18.00 Uhr, Eintritt ist im Parkeintritt (s. auch S. 8) enthalten

SWM-Card

SCHMETTERLINGSHAUS ELBAUENPARK: im tropisch warmen Glaspavillon wird man von mehr als 200 Faltern umflattert. Besonders aufregend (siehe Hinweise in der Volksstimme) sind die Tage, wenn die neuen Falter schlüpfen

4 Zoologischer Garten

Der Tipp von: MÜLLER

2005 feiert der Magdeburger Zoo seinen 55. Geburtstag. Pro Jahres werden 250.000-300.000 Besucher von jung bis alt gezählt. Hier leben über 900 Tiere, darunter 340 Säugetiere, 550 Vögel und 18 Reptilien. Insgesamt sind fast 200 Arten vertreten. Die Stadt hat in den vergangenen Jahren viel Geld in neue artgerechtere Gehege investiert, die auch eine bessere und weniger störende Beobachtung der Tiere ermöglicht. Neu gebaut wurden unter anderem das Menschenaffenhaus, die Afrika-Anlagen und das Gehege für Löwen. Kinder können im Streichelgehege Freundschaft mit Zwergziegen schließen und sich auf Magdeburgs beliebtestem Abenteuerspielplatz mit tollen Rutschen und einem Krabbellabyrinth austoben. Man kann hier Geburtstag feiern oder eine Tierpatenschaft abschließen.

Am Vogelgesang 12, MD-Nord, Tel: 2 80 90-0, Öffnungszeiten: Sommer täglich 8-19 Uhr, Winter täglich 8-Einbruch Dunkel-heit, Erw. 5 EUR, Kinder (3-15 Jahre) 2,50 EUR, Kindergruppen (ab 10 K.) je 1,50 EUR, Kleine Familienkarte (1E+3K) 7 EUR, Große Familienkarte (2E+3K) 10,50 EUR, www.zoo-magdeburg.de
SWM-Card

E Erdhörnchen

Männchen machen, kuscheln, springen – die Erdhörnchen sind eine echte Erlebnisschau für Kinder. Auch hier ist künftig eine feste öffentliche Fütterungszeit vorgesehen.

P Pinguin-Becken

Unbeholfen watscheln die vom Aussterben bedrohten Humboldt-Pinguine über die Felsen, um dann pfeilschnell durch das flaschengrüne Wasser zu jagen. Das kann man am besten zur täglichen Fütterungszeit um 15 Uhr erleben.

G Giraffenhaus

Majestätisch schreiten die Giraffen durch ihr Haus, ein moderner Neubau aus Holz mit großzügiger Afrika-Freianlage. Die Tiere selbst sind sehr scheu und dürfen nicht erschreckt werden. Die Öffentlichen Fütterungszeiten variieren.

D Das Dickhäuterhaus

Das Dickhäuterhaus ist ein echter Besuchermagnet. Besonders die Elefanten Mwana und Birma (hier noch mit Arusha) haben es den Besuchern angetan. Täglich 14.30 Uhr ist Fütterungszeit. Wer sich traut, darf den beiden selbst eine Mohrrübe reichen, die sie mit ihrem dicken Rüssel vorsichtig aus der Hand nehmen.

F Flamingo-Freianlage

Was für ein Trubel auf dem Teich des Zoos. Enten und Wasservögel schnattern um die Wette, dazwischen stehen farbenprächtig und stumm die majestätischen Flamingos

L Löwenhaus

Seit Dezember 2002 haben auch die Löwen ein neues Haus und eine 550 qm große Außenanlage. Es wird von zwei jungen Löwen-Weibchen und Löwe „Felix" bewohnt.

Tierarten im Zoo als Überblick

2 Nashorn, Elefant	21, 23 Wasservögel
3 Giraffe	24 Löwenhaus
4 Warzenschweine	25 Flamingos
5 Schakal	26 Känguruhs
6 Strauß	27 Ponys
7 Zebras	28 Rentiere
8 Dromedare	30 Ameisenbär
9 Eulen	31 Fenek
10 Bartschweine	32 Raubkatzen
12 Papageie	35 Weißkopfadler
13-15 Kleinaffen	36 Streichelzoo
16 Erdhörnchen	37 Lamas
17 Spießböcke	38 Luchs
18 Trampeltiere	39 Bären
19 Tapire	43 Nasenbär
20 Pinguine	44 Affenhaus

S Schneeleoparden

Die Schneeleoparden-Anlage wurde 2001 eröffnet. Naturnahe Atmosphäre wird durch Gestaltung mit Felsblöcken und Wasserläufen erreicht. Besucher schauen durch dicke Glasscheiben.

WILDPARK WARTENBERG: Seit mehr als 30 Jahren lebt das gutmütige Braunbärenpärchen Jette und Peter hier. Einst war es ein Geschenk der hier ansässigen russischen Garnison. Im Sommer 2003 bekamen die Bären endlich ein tolles Freigehege dazu

5 Wildpark Wartenberg

Der bewaldete Wartenberg zwischen Autobahn A2 und Calbe ist durch den Bismarckturm obenauf markiert. Ein Stück unterhalb im Wald liegen eine einfache Gaststätte und ein kleiner Wildpark. Stars der Anlage sind zwei gutmütige alte Braunbären in ihrem erst 2003 eröffneten tollen Freigehege, Nebenher sind auch Rehe, Schwarzesel und verschiedenes Kleinwild zu erleben. Noch mehr Freizeitangebote: der recht schöne Kinderspielplatz, ein gepflegter Trimm-Dich-Pfad schlängelt sich vom Parkplatz quer durch den Wald und den gut einen Kilometer langen Aufstieg zum Turm (siehe auch S. 22) beginnt man durch das mystische Wotanstor.

Wartenberg 1, 39221 Zens b. Calbe/Saale, Tel: 039291/ 2500, Öffnungszeiten der Gaststätte: Mai bis Oktober, täglich außer Mo 10.00-18.00 Uhr, im Winterhalbjahr Fr-So 10.00-18.00 Uhr
A 14, AS Calbe - 30 km - ab 2 Jahren

BÄRENZWINGER SCHLOSS BERNBURG: Neben dem Tierpark auf dem nördlichen Saaleufer hat das Bernburger Schloß gegenüber mit seinem Bärenzwinger noch eine besondere Attraktion zu bieten. Begegnungen wie diese sind dabei nicht auszuschließen

6 Tiergarten Altenweddingen

Das Gelände am nördlichen Rand von Altenweddingen hat schon bessere Zeiten erlebt. Es fehlt auch ein Spielplatz, trotzdem scheint es ein beliebtes, weil eintrittsfreies Ziel für Schulklassen zu sein. Gegenwärtig beherbergt der Tiergarten vor allem Afrikanische Ziegen, Lamas, Esel, Damwild und Schafe.

Ziegelei, 39171 Altenweddingen, Sommer täglich 9-18 Uhr, Winter 9-16 Uhr, Eintritt frei (Infos Frau Wacker 0175-6104494)
B 81/B 246a, Ortsmitte links - 18 km - ab 3 J.

7 Tierpark Bernburg

Der Park erstreckt sich über etwa zehn Hektar im idyllischen Landschaftsschutzgebiet Krumbholz. Er beherbergt etwa 100 Tierarten mit annähernd 600 Tieren, darunter Luchse, Braunbären und Wisente. Die Freizeitangebote reichen von Ponykutschfahrten, Bärchenbahn, Abenteuerspielplatz, Streichelgehege bis zum schulbiologischen Zentrum für Schulklassen. Und auf dem gegenüberliegenden Saaleufer lockt außerdem der Bärenzwinger des Schlosses.

Krumbholzallee 3, 06406 Bernburg, Tel. (03471) 352816, geöffnet: April-Okt täglich 8-18 Uhr, Nov-Dez 9-12 Uhr, Eintritt 2 €
A 14, AS Bernburg - 41 km - ab 2 Jahren

Alaris Schmetterlingspark, Wittenberg

Seit August 1998 ist die Lutherstadt Wittenberg um eine Attraktion reicher. Auf über 600 qm Fläche präsentiert der Alaris Schmetterlingspark Wittenberg hunderte tropische Falter in ihrer natürlichen Umgebung.

Rothemarkstraße 131, 06886 Wittenberg, Tel: (034 91) 666 380, geöffnet 1. April bis 31. Oktober täglich 09.30 bis 17.30 Uhr.
B 184/B 187 über Roßlau - 85 km - 5 Jahre

WILDPARK BIERER BERG: der zauberhafte und gut gepflegte Wildpark bei Schönebeck hat neben seinen tierischen Attraktionen noch andere Freizeitangebote

8 Wildpark Bierer Berg

Esel, Zwergziegen, exotische Kleintiere und Vögel bevölkern den Tierpark auf dem Bierer Berg. Für Kinder ab 2 Jahre ist der Streichelzoo mit Kaninchen, ansonsten geht man in der parkähnlichen Anlage, die auch im Hochsommer schattig und angenehm kühl ist, auf Entdeckungsreise. Das Restaurant Bismarckshöhe hat auch eine preisgünstige Selbstbedienungsgastronomie, dazu lockt ein toller Spielplatz mit vielen Kletter- und Bewegungsgeräten. Wer sich traut, besteigt den Bismarkturm auf enger Wendeltreppe bis zur Plattform in 17 Meter Höhe.

Auf dem Bierer Berg, 39218 Schönebeck, Tel: (0 39 28) 8 11 29, geöffnet: April-September täglich 8-19 Uhr, Oktober-März täglich 8-17 Uhr, Eintritt zum Park ist frei
A 14, AS Schönebeck - 25 km - ab 2 Jahre

9 Biberfreianlage Oranienbaum

Die Auenwälder der Elbe sind heute wieder das Hauptverbreitungsgebiet des Elbebibers. Zu seinem Schutz wurde ein großes Elbareal nördlich von Dessau zum „Biosphärenreservat Mittlere Elbe“ erklärt. Am Rande des Reservats liegt die Biberfreianlage Oranienbaum, wo die Tiere in ihrem natürlichen Lebensraum ungestört beobachtet werden können. Die gut 1 ha große Anlage ist in das Lehrpfadsystem des Informationszentrums Auenhaus eingebunden.
Das natürliche Nahrungsangebot an Pappeln und Erlen wurde durch umfangreiche Pflanzungen von Weidenhölzern und Wasserpflanzen rund um eine zentrale Wasserfläche erweitert. Ein Aussichtsturm gewährt einen Überblick über das Gelände. Die „künstliche“ Biberburg ist unmittelbar an die Rückwand einer Blockhütte modelliert. Ein Fenster ermöglicht es, Einblick in das geheimnisvolle Familienleben im Wohnkessel der Burg zu nehmen.

Oranienbaumer Chaussee, Auenhaus, 06785 Oranienbaum, Tel:(034904) 4060, Öffnungszeiten: Mai-Okt Di-Fr 10-17 Uhr, Sa/So/FT 11-17 Uhr, Nov-April Di-Fr 10-16 Uhr, Erw. 1 Euro, ermäßigt 0,50 Euro
B 184 über Dessau - 72 km - ab 6 Jahre

BIBERFREIANLAGE ORANIENBAUM: hier ist man einer Elbebiberfamilie auf der Spur und beobachtet sie sogar in ihrer Burg. Im Infozentrum Auenhaus erfährt man ganz nebenbei noch viel über das gesamte Ökosystem der Elbe

TIERGEHEGE IM ELBEBIBER CALENBERGE: einen Tierpark zum Anfassen gibt es seit Jahren auf dem Ranchähnlichen Gelände der Gastwirtschaft „Zum Elbebiber". Der befndet sich gerade im Neuaufbau, aber das Hängebauchschwein-Pärchen fühlt sich schon jetzt hier sauwohl.

10 Wildgehege Hütten

Inmitten der Colbitz-Letzlinger Heide liegt der zu Haldensleben gehörende Ortsteil Hütten. Das dort ansässige Gasthaus Waldfrieden hat eine bis in die 30er Jahre zurückgehende Tradition und ist stark auf Wildgerichte spezialisiert. Das Steckenpferd des Wirtes aber ist ein gut 4 ha großer Wildpark hinter dem Haus. Die Anlage hat sicher schon bessere Tage erlebt, aber das stört die zumeist recht zutraulichen Tiere kaum. Neben einigen Vogelvolieren sind in den Freigehegen eindrucksvolles Großwild wie Mufflons, Wildschweine, Damhirsche und sogar Hängebauchschweine zu erleben.

Hütten 1, 39340 Haldensleben, Tel: (03 90 56) 9 50 90, Gastwirtschaft Di-So ab 11 Uhr, Wildgehege jederzeit frei zugänglich
B 189, hinter Colbitz links - 34 km - 4 Jahre

11 Tiergehege Zum Elbebiber Calenberge

Im Stile einer amerikanischen Ranch wirkt die Zufahrt am Ausflugslokal „Zum Elbebiber" im eingemeindeten Örtchen Calenberge. Jahrelang betrieb man dort einen großen Streichelzoo mit Ziegen, Schafen, Schweinen. Nach einem Betreiberwechsel hat sich der Bestand arg vermindert und befindet sich im Neuaufbau, neben heftig grunzenden und sehr zutraulichen Hängebauchschweinen sind derzeit Flugenten, Hasen und Meerschweinchen zu erleben. So sitzen die Erwachsenen im Biergarten während die Kinder auf gefahrlose „Safari" gehen.

Dorfstraße 28, Magdeburg OT Calenberge, Tel: (03928) 40 08 24, Gastwirtschaft Mi-Mo ab 11 Uhr, Eintritt zum Streichelzoo frei

12 Naturerfahrungszentrum Drömling

Das Zentrum im Naturpark Drömling ist eine Umweltbildungseinrichtung des Altmarkkreises und bietet ausgezeichnete Möglichkeiten, praktische und theoretische Kenntnisse in der Natur und mit der Natur zu erfahren. Unter Leitung von Dr. Eckehard Schwarz werden Exkursionen zur Tierbeobachtung, zum Entdecken von einheimischen Tieren und Pflanzen quer durch das von Entwässerungsgräben durchzogene Niederungsmoor durchgeführt. Darüber hinaus können auch kombinierte Gruppenprogramme zu Projekt- und Wandertagen gebucht werden.

NEZ Drömling, Am Park 2, 38486 Kunrau, Tel: (03 90 08) 704, Anmeldungen an Dr. Eckhard Schwarz
B 71 über Gardelegen, 97 km, ab 8 Jahren

13 Tiergehege Wiesenpark Oschersleben

Seit Jahrzehnten schon befindet sich im Wiesenpark von Oschersleben ein gut gepflegter Heimattiergarten. Im Gegensatz zu vergleichbaren Gehegen dieser Kategorie ist dieses um einiges exotischer: neben dem obligatorischen, heimischem Rot- oder Damwild, Bergziegen und Wildschweinen sind hier auch Vertreter anderer Kontinente wie Lamas, Stachelschweine oder Vogel Strauß zu erleben.

Friedensstraße, 39387 Oschersleben, Tel: (03949) 3013, Park jederzeit frei zugänglich, Eintritt frei
über Wanzleben - 30 km - ab 4 Jahren

Unser erstes Haustier

Ob Meerschwein, Vögel oder Fische – Kinder, die mit Tieren aufwachsen, entwickeln sich positiv. Nur welches Tier zu welchem Alter, und was ist sonst noch zu beachten?

HAUSTIERE: aktuellen Studien zufolge können sich Kinder dann besser konzentrieren, sie sind weniger aggressiv, selbstssicherer, geduldiger....

Bei nahezu jedem Kind steht irgendwann der Wunsch nach einem eigenen Tier. Wie also darauf reagieren? Bei der Entscheidung ist die ganze Familie gefragt und der Wunsch sollte besser abgelehnt werden, wenn man als Eltern nicht wirklich dahintersteht. Wer es seinen Kindern andererseits ermöglichen will, mit tierischen Freuden aufzuwachsen, sollte sich überlegen: welches Tier paßt zu uns? Wie fügt es sich in das Familienleben ein? Auch muß sicher sein, daß niemand in der Familie eine Allergie dagegen hat. Am besten ist es, einen Allergietest zu machen.

Wenn sich Kinder um Haustiere kümmern wollen, müssen sie Verantwortung übernehmen können. Damit beginnen Kinder etwa im Alter von 4 Jahren. Sind sie darüber noch im Zweifel, wie wäre es dann mit einem Tier auf Probe. Fragen sie Familien mit Haustieren, ob sie die mal in den Ferien versorgen können. Die Tierbesitzer werden froh sein, eine Unterkunft zu haben und sie und ihre Kinder lernen die Vor- und Nachteile eines Haustiers erst einmal unverbindlich kennen.

Grundsätzlich sollten Eltern keine Scheu haben, ihren Kindern so viel Verantwortung wie möglich zu übertragen. Gleichgültig ob Hund, Fisch oder Meerschweinchen – wenn Papa und Mama dem Kind alle mühsamen Aufgaben abnehmen, weil sie glauben, daß Sohn und Tochter die Freude am Tier dann unbeschwerter genießen können, täuschen sie sich.

Im Rahmen einer Studie fanden Wissenschaftler heraus: je größer die Verantwortung für den Schützling, desto enger wird die Beziehung. Und je enger die Beziehung ist, desto mehr profitiert das Kind in Sachen Schulleistungen und Lebensfreude von seinem Tier.

Eigenes Tier – ab wann?

Der Forschungskreis „Heimtier in der Gesellschaft" hat Kriterien zusammengestellt, wann ein Kind für welches Tier reif genug ist. Zählen Sie im folgenden, wie oft Sie ja sagen können:

1) *Geht ihr Kind allein zum Einkaufen?*
2) *Darf es allein auf den Spielplatz?*
3) *Kann es mit der Ampel allein über die Straße?*
4) *Putzt es freiwillig die Zähne?*
5) *Wäscht es Hände ohne Ermahnung?*
6) *Tritt es die Schuhe ab, wenn es nach Hause kommt?*
7) *Kann es ein Glas mit Wasser füllen?*
8) *Kann es eine Dose aufmachen?*
9) *Trägt es Einkaufstaschen?*
10) *Kann es einen Faden einfädeln?*
11) *Kann es Schuhe allein zubinden?*
12) *Hält es Geduldspiele durch?*
13) *Geht es einem regelmäßigen Hobby nach, auch wenn wenig Lust da ist?*
14) *Kann es länger als eine halbe Stunde stillsitzen?*
15) *Kann es ein mindestens vierzeiliges Gedicht auswendig lernen?*
16) *Kann es die Uhr lesen?*
17) *Kann es selbständig telefonieren?*

Auflösung:
Wenn Sie 13 bis 17 mal „Ja" sagen konnten, ist ihr Kind reif genug, um Hund oder Katze zeitweise allein zu betreuen.

Bei 7-12 Punkten: ihr Kind könnte wichtige Aufgaben für Meerschweinchen oder Wellensittich übernehmen

Mit weniger als sieben Punkten sollten einem Kind erstmal nur kleine Hilfsarbeiten zum Üben anvertraut werden. Natürlich gilt für alle Altersstufen und Tiere: Liebevolle Aufsicht der Eltern und ein bißchen Nachhilfe muß sein.

Wenn der Vater mit dem Sohne unterwegs ist, beginnen sich die Dinge zu drehen, dann darf es qualmen, rattern, gluckern oder leuchten – Hauptsache, spannend.

Wie funktioniert das?

AUF UND AB: in der Sparschleuse Rothensee werden Schiffe fast 20 Meter gehoben oder gesenkt. Besucher schauen bequem vom Aussichtsturm zu.

Betriebsbesichtigung

❶ Abtshof Brennerei

Seit 1924 wird in Buckau Wein gelagert und Schnaps gebrannt. Ein großer Teil der historischen Gebäude ist bis heute erhalten, allen voran das alte Kesselhaus, das Anfang 2003 als Besucherzentrum und Probierstube eröffnet wurde. Für Kinder ist das sicher nichts, stattdessen kann man (Gruppen ab 12 Personen) mit der Kellermeisterin über lange Treppen 8 Meter unter die Erde in die Weinkeller steigen. Dort stehen riesige Fässer aufgereiht und man kann lernen, wie aus der Weintraube der Wein(brand) wird. Wichtig: warme Jacke dabeihaben, denn ob Sommer oder Winter, dort unten herrschen kühle Temperaturen.

Abtshof Spezialitätenbrennerei, Brauereistraße 2, MD-Buckau, Tel: 405 15 44, Termine: Frau Borchers, www.abtshof.de

❷ CinemaxX

Der Filmpalast am Bahnhof bietet auch Blicke hinter die Kulissen an. Dabei steht man auch im Projektionsraum und erlebt hautnah, wie der Film auf die Leinwand kommt. Die organisierten Führungen werden meist von Schulen, Kindertagesstätten und Einrichtungen gebucht, weshalb die angebotenen Termine zumeist in den Vormittagsstunden liegen. Die Führungen enden meist mit einer Filmvorstellung nach Wahl, dabei können Filme aus dem aktuellen Programm oder aus dem Schulkatalog gebucht werden.

CinemaxX Multiplexkino, Kantstraße 6, im City Carre, Tel: 59 89 210, Gruppentarife ab 10 Personen für Schulen, Einrichtungen und Vereine

❸ Druckhaus der Volksstimme

Sechsmal pro Woche erscheint unsere Tageszeitung, die Volksstimme. Sie meldet alles Wichtige zwischen Harz und Havel und was sonst noch so passiert in der Welt. Die „Heimatzeitung mit Herz" bietet auch Führungen im Druckhaus Barleben an. Auf dem zweistündigen Rundgang durch die Hallen erfährt man alles über den technischen und logistischen Aufwand, mit dem die Zeitung produziert wird und steht direkt neben den riesigen Druckmaschinen, die täglich über 100.000 Zeitungen ausspucken. Das Mindestalter für einen Besuch liegt leider bei 14 Jahren.

Druckhaus Barleben, Führungen Di, Mi, Fr 9.00 Uhr. Schriftliche Anmeldung unter www.volksstimme.de, Tel: 5 999 152

CINEMAXX FILMPALAST: im größten Kino der Stadt bekommt man einen echten Blick hinter die Kulissen und erlebt hautnah, wie ein Film auf die Leinwand projiziert wird.

ABTSHOF BRENNEREI: Wer mit der Kellermeisterin in die acht Meter unter der Erde liegenden Faßkeller hinabsteigt, sollte selbst im Hochsommer immer eine warme Jacke dabei haben – denn die Geister des Weines mögen es sehr kühl

MDR FUNKHAUS: aus dem „Schiff" im Rotehornpark kommt täglich unter anderem das Landesprogramm des MDR-Fernsehens für Sachsen-Anhalt

4 MDR Funkhaus

Aus dem „Schiff" im Rotehornpark kommen täglich Hörfunk- und Fernsehsendungen für Sachsen-Anhalt. Werktäglich von 10 bis 11.30 Uhr werden auch interessierte Gruppen und Privatpersonen durch das Funkhaus geführt. Dabei geht es über die Fernsehspielflächen für die Bingo!-Show, durch die Studios und vorbei an den Schnittplätzen. Dabei darf man auch selbst einmal sein Talent am Mikro versuchen. Gut zwei Drittel aller Besucher sind Kinder, der Andrang ist groß und bei Gruppen (Mindestalter 6. Klasse) muß deshalb im Schnitt mit einer Voranmeldezeit von 3 Monaten gerechnet werden.

MDR-Funkhaus, Am Stadtpark, MD-Rotehorn, Anmeldungen unter Tel: 539 21 36

5 SAW Funkhaus

Die seit Jahren erfolgreichste Radiostation Sachsen-Anhalts hat ihr Funkhaus im Sudenburger Hansapark. Nach vorheriger Anmeldung (Brief oder Mail) werden werktags ab 15.00 Uhr Gruppen durch die Redaktion geführt und bekommen dabei einen Blick hinter die Kulissen eines Radiosenders. Weil die gut einstündigen Führungen bei scharfem Betrieb gemacht werden, d.h. man wandert zwischen arbeitenden Redakteuren und

6 Klärwerk Gerwisch

Futuristisch

wie ein Klärwerk sieht die Anlage mit den bunten Zwiebeltürmen wirklich nicht aus. Um das Magdeburger Abwasser hierher zu bekommen, muß es zuvor unter der Elbe hindurchgepumpt werden.

Wäsche waschen, Duschen, Toilette - täglich entstehen in den Haushalten und Betrieben Magdeburgs gut 43.000 Kubikmeter Abwasser, hinzu kommt das Niederschlagswasser. All das Wasser verschwindet auf geheimnisvolle Weise in Ausgüssen und Gullys – und dann beginnt die Arbeit der Stadtwerke. Gesammelt, in einem Düker unter der Elbe hindurchgepumpt, wird das Wasser im hochmodernen Klärwerk Gerwisch aufbereitet. Meist einmal im Jahr lädt man im Klärwerk zum Tag der Offenen Tür, dann kann man erleben, wie hier das Wasser „gewaschen" wird. Ansonsten sind in beschränktem Umfang auch Betriebsbesichtigungen außerhalb dieser Tage möglich.

Anfragen und Terminvereinbarungen über SWM Städtische Werke Magdeburg, Tel: 587 14 01

muß das rote Sendelicht beachten, werden Schulklassen erst ab Stufe 5 zugelassen. Einfach eine Mail an presse@radiosaw.de mit Kontaktadresse, Grund des Besuchs und Anzahl der Leute senden.

Radio SAW Funkhaus, Hansapark 1, MD-Südwest, Tel: 630-0, Jens Kerner, www.radiosaw.de

7 Motopark Oschersleben

Die gut 3,6 Kilometer lange Rennstrecke im Motopark Oschersleben ist fast an jedem Tag des Jahres geöffnet und an mehr als 280 Tagen findet Renn- oder Testbetrieb statt. Da ist immer viel zu sehen und zu erleben. Wer sich mit einer kleinen Gruppe vorher anmeldet, wird gern über das Gelände geführt. Dabei erhält man auch einen Blick hinter die Kulissen, z.B. in die Race-Control im Tower, die während Veranstaltungen für Besucher gesperrt ist.

Motopark Allee 20-22, 39387 Oschersleben, Anfrage unter Tel: (039 49) 92 00
über Wanzleben - 28 km - 6 Jahre

technische Bauten

8 Pretziener Wehr

Der Tipp von: MÜLLER

Wie eine Festung wirken die Sandsteinpfeiler des Pretziener Wehrs. Das technische Denkmal wurde 1871-1875 erbaut und steht am Anfang eines Umflutkanals, der bei Hochwasser gut ein Drittel des Wassers an Magdeburg vorbeileitet. Als größtes seiner Art in Europa ist es noch voll funktionsfähig. Überschreitet das Elbhochwasser in Barby den kritischen Pegel von 5,92 Meter, werden die Schützentafeln des Wehres mittels Winden gezogen, was jedesmal ein schaulustiges Völkchen zusammenruft. Bei Normalwasser kann man die 162 Meter breite Anlage zu Fuß umrunden.

Pretziener Wehr, Pretzien, frei zugänglich
über Plötzky - ca. 18 km - 6 Jahre

MOTOPARK OSCHERSLEBEN: an mehr als 280 Tagen im Jahr ist Renn- oder Testbetrieb auf der Strecke, da ist – wenn möglich – ein Blick hinter die Boxenmauern immer spannend

9 Pechauer Bockwindmühle

Magdeburgs einzige erhaltene Windmühle steht in Pechau. Die 1828 erbaute Mühle war noch bis 1954 in Funktion. Nach zwischenzeitlichem Zerfall wurde die im Privatbesitz von Familie Wuttke befindliche Mühle Anfang der Neunziger wieder frisch restauriert. In einer über 170-jährigen Fachwerk-Scheune werden dazu landwirtschaftliche Geräte gezeigt. Alljährlicher Höhepunkt seit 1994 ist das Mühlenfest am ersten Sonntag im Mai.

Zur Mühle 6a, MD-Pechau, Besichtigung nach telefon. Anmeldung, Tel: 8 11 47 59

PRETZIENER WEHR: an der Technik hat sich in den letzten 130 Jahren nichts verändert: Überschreitet das Elbhochwasser in Barby den kritischen Pegel von 5,92 Meter, werden die an Ketten hängenden Eisentafeln des Wehres mittels Winden hochgezogen.

⑪ Alte Schleuse Niegripp

Klein und unscheinbar wirkt die Alte Niegripper Schleuse, wenn man zuvor die neue 190 Meter lange, moderne Doppelsparschleuse erlebt hat. Früher stiegen die Schiffe hier vom Kanal hinunter zur Elbe ab. Seit der Eröffnung des durchgehenden Kanals fahren kaum noch großer Pötte in das Becken ein, meist sind es Sportboote. Dafür darf man hier ganz nahe dabeistehen und hat alle technischen Teile der Anlage gut im Blick.

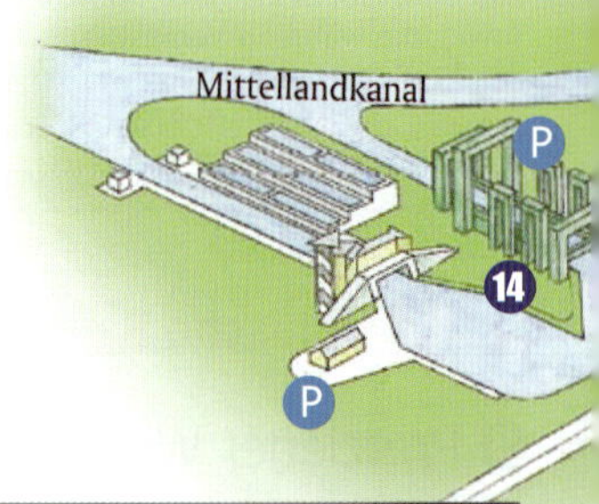

⑩ Wasserstraßenkreuz

Der Tipp von: MÜLLER Lackierungen

Ein alter Traum wurde 2003 wahr. Gut 130 Jahre nachdem erste Ideen einer direkten Ost-West-Verbindung auf dem Wasser auftauchten, kreuzen sich seither im Norden von Magdeburg zwei Schiffahrtswege. Unten fließt die Elbe, gute zwanzig Meter darüber schwebt eine gigantische Trogbrücke, die über den Fluß hinweg Mittelland- und Elbe-Havel-Kanal verbindet. Das sogenannte Blaue Kreuz ist Teil des Verkehrsprojektes Deutsche Einheit Nr. 17. Herzstück des neuen Wasserstraßenkreuzes, zu dem auch drei Schleusen und das historische Hebewerk gehören, ist die fast 1 Kilometer lange Trogbrücke zur Überquerung der Elbe. Die Magdeburger Urania bietet fachkundige Führungen rund um das Blaue Kreuz an, schon bald kommt in der Siedlung am Schiffshebewerk ein mit moderner Multimediatechnik ausgestatteter Info-Point hinzu.

Öffentliche Schleusen- und Hebewerkbesichtigung in Rothensee, Sa und So ab 14.30 Uhr, Treff: Infotafel am Parkplatz des Hebewerkes, Erwachsene 2,50 €, Kinder 2,00 €

Baubeginn 1934

Ein historischer Platz. bereits 1877 gab es erste Ideen für eine Ost-West-Verbindung per Kanal. Gut 60 Jahre später lagen die Pläne zum Bau einer Brücke auf dem Tisch Von 1934 bis 1942 wurde an der gigantischen Brücke gebaut, dann beendete der Krieg alle Arbeiten. Die alten Pfeiler wurden in den 90ern gesprengt

⓬ Trogbrücke über die Elbe

Phantastisch – Schiffe fahren auf einer Brücke über die Elbe. Mit ihren 918 Metern Länge ist die Trogbrücke vermutlich die größte Badewanne der Welt. Sie verbindet Mittelland- und Elbe-Havel-Kanal. Auf beiden Seiten des Trogs laufen breite Wege, die auch toll mit dem Rad befahren werden können. Beidseitig der Brücke sind Parkplätze.

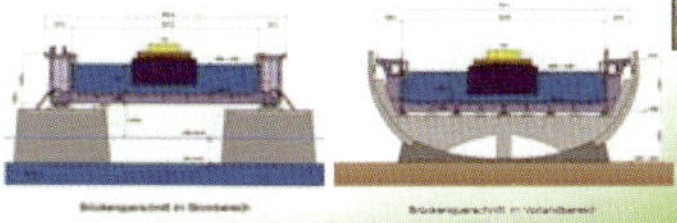

⓮ Schiffshebewerk Rothensee

Das 1938 in Betrieb genommene Schiffshebewerk verbindet seither den Mittellandkanal mit der Elbe und ist bis auf den heutigen Tag voll funktionstüchtig. Die Konstrukteure entschieden sich damals für ein Prinzip, das bis dahin noch nirgendwo in der Welt für ein Bauwerk dieser Größenordnung angewandt worden war: ein Hebewerk, dessen 5400 Tonnen schwerer Trog beweglich auf zwei Schwimmern ruhte. Je nach Wasserstand der Elbe wird ein Gefälle von 11 bis 18 Metern ausgeglichen. Mit einer Troglänge von 85 Metern und einer Wassertiefe von 2,5 Metern sind die Abmessungen für heutige Großmotorgüterschiffe jedoch zu gering. Von der Stirnseite der Anlage kann man durch ein Sichtfenster einen der seltener gewordenen Hebevorgänge hautnah verfolgen, bei oben stehendem Trog kann man zudem die beiden riesigen Schwimmer darunter sehen. Eine Schleusung dauert mit Ein- und Ausfahren des Schiffes weniger als 30 Minuten.

⓭ Doppelsparschleuse Hohenwarte

Die riesige Doppelsparschleuse bei Hohenwarthe ist das direkte Verbindungsglied zwischen Mittelland- und Elbe-Havel-Kanal. Die beiden riesigen Schleusenkammern messen 190 mal 12,50 Meter. Überwacht von einem Kontrollturm überwinden die Schiffe hier einen Höhenunterschied von sagenhaften 18,5 Metern.

SCHIFFSMÜHLE AM PETRIFÖRDER: noch bis 1911 schwammen die wasserkraftgetriebenen Mühlen auf der Elbe. Der Nachbau von 2001 hat ein voll funktionsfähiges Mahlwerk und drinnen ein kleines Schiffsmühlen-Museum

⑮ Schiffsmühle am Petriförder

An der Dampferanlegestelle Petriförder steht seit 2000 der historisch getreue Nachbau einer Schiffsmühle aus dem 19. Jahrhundert. In Zeiten, als die Motoren noch nicht erfunden waren wurde das Getreide mit Wasserkraft gemahlen. Um 1700 schwammen mehr als 20 auf der Elbe, die letzte arbeitende Mühle wurde 1911 dichtgemacht. Hauptattraktion des Nachbaus ist das voll funktionsfähige Mahlwerk. Neben Getreide wurden hier auch Wein und Ölsaaten aufbereitet. Heute finden gelegentlich Schauvorführungen statt, eine kleine Ausstellung rundet das kleine Museum ab.

Petriförder, Schleinufer, MD-Altstadt, Tel: 671 69 87, Öffnungszeiten April-Oktober Di-So 10-17 Uhr, Eintritt frei

BOCKWINDMÜHLE WOLMIRSTEDT: je nachdem woher der Wind kommt, dreht „Auerbachs" Mühlenwirt Herr Pankonien das Wahrzeichen des Hauses für interessierte Besucher in den Wind. Wird dann die Bremse gelöst, beginnen die Flügel zu drehen und knirschend setzt sich das Mahlwerk in Gang

⑯ Bockwindmühle Hohenwarthe

Als 1810 der preußische Staat durch Einführung der „Gewerbefreiheit" auch das Müllerhandwerk begünstigte, erlebte das heutige Sachsen-Anhalt einen regelrechten Mühlen-Boom. Nur wenige der imposanten Mühlen sind erhalten geblieben, meist befinden sie sich, wie die Hohenwarther Mühle, in Privatbesitz. Die leuchtet einem in sattem Gelb entgegen, wenn man auf der A2 die Elbe quert. Mühlenwirt Manfred Ulrich hat um seine Bockwindmühle ein kleines Museum mit landwirtschaftlichen Geräten aufgebaut, und führt besonders kleine Gäste nur zu gern durch die Mühle.

39291 Hohenwarthe, Zur Windmühle 1, Tel: (039 222) 39 33, tgl. ab 11 Uhr, Besichtigung für Gaststättengäste frei, sonst 1 €/P
A2 AS Hohenwarthe - 12 km - 4 Jahre

⑰ Bockwindmühle Wolmirstedt

Auf der Anhöhe an der neuen Wolmirstedter Ortsumgehung reckt die alte „Auerbacher" Bockwindmühle ihre Flügel in die Luft. Für interessierte Besucher dreht Mühlenwirt Herr Pankonien das Wahrzeichen des Hauses in den Wind. Wird dann die Bremse gelöst, beginnen sich die Flügel zu drehen und knirschend setzt sich das nach der Restaurierung wieder voll funktionstüchtige Mahlwerk in Gang. Eine Besichtigung oder Führung kann man hier zudem ausgezeichnet mit einem Mittagessen verbinden.

Samsweger Straße 14, 39326 Wolmirstedt Anmeldungen für Führungen erbeten: Frau Pankonien, Tel: (039 201) 555 55
über Wanzleben - 10 km - 4 Jahre

Schiffahrtszeichen an der Elbe

Gegenläufige Pfeile
zeigen das Verbot des Begegnens oder Überholens an (z.B. bei enger Fahrrinne)

Blaue Tafel durchgestrichen
zeigt das Ende einer Einschränkung oder Verbots – z.B. Ankerverbot – an

Anker durchgestrichen
es ist verboten, an diesem Uferabschnitt zu ankern

Kilometerschild
km-Schilder klären über die Position auf. Die Magdeburger Stadtstrecke reicht von km 316 (Westerhüsen) bis km 334 (Abstieg Rothensee)

Gelbe Kreuze
zeigen jeweils den Übergang der Fahrrinne von einem zum anderen Ufer an

DIE ELBE

Einzugsgebiet: 150.000 km²
Länge: 1.091 km
Höhendiff. Quelle - Mündung: 1.384 m
Breite in Magdeburg: 100-120 m
Die Elbe: ist der letzte, noch relativ naturnahe Strom in Deutschland. Auf einer Länge von 600 km ist er von Kanalisierung und Staumauerbau verschont geblieben. Auf 18 km Länge fließt er durch Magdeburg.

Dreieck unten
zeigt eine begrenzte Fahrwassertiefe an (z.B. am Domfelsen)

Gestrichene Doppelwelle
Wellenschlag vermeiden

Elbpegel
zeigt den Wasserstand in Flußmitte an. Gemessene Werte am Pegel Magdeburg:
Mittelwasser 2.19 m
Niedrigwasser 0,50 m (Januar 1954)
Hochwasser 7,01 m (Februar 1941)

rot-weiß gestreifte Tonne
zeigt ein Hindernis stromab auf der linken Seite in der Elbe an (grün-weiß = rechte Seite)

Gelbe Bake
zeigt eine Hafeneinfahrt oder die Vereinigung zweier Fahrrinnen an

gelbes Trapez
Hindernis in beide Richtungen befahrbar (zwei T.: Gegenseite gesperrt)

rot-weißes Trapez
zeigt Begrenzung der Fahrrinne unter Brücken an

Blaues Feld, ein Strich
Schiffe dürfen hier nur hintereinander liegen (zwei Striche = nebeneinander)

FLUGPLATZ MAGDEBURG: man muß nicht gleich selbst in ein Flugzeug steigen, für den Anfang sind Beobachtungen an- und abfliegender Maschinen wie dem schweren Antonow An-2 Doppeldecker genauso spannend

18 Flugplatz Magdeburg

Die Pläne eines größeren Airports Magdeburg sind zwar mittlerweile Essig, der bestehende Flugverkehr ist für kleine und große Technikfreunde jedoch ausreichend interessant. Weil das Betreten der Anlage nicht gestattet ist, beschränkt man sich auf das Beobachten hinter dem Zaun. Die besten Plätze nahe der Startbahn sind entlang der B 71, Fernglas nicht vergessen. Im Terminal gleich nebenan hat der Junkers-Verein eine kleine Ausstellung zur Flugtechnik aufgebaut und davor steht seit Herbst 2004 eine originales Passagierflugzeug TU 134. Führungen auf dem Flugplatz mit Schulklassen sind auch möglich, müssen jedoch langfristig angemeldet werden.

Flugplatz Magdeburg, Ottersleber Ch. 91,
Tel: 625 990, Terminal: täglich 10-17 Uhr

TELEGRAFENSTATION NEUWEGERSLEBEN: Nachrichten verschicken mittels Winkelelementen. Wie das früher funktioniert hat, kann man in der ehemaligen königlich-preußischen Telegrafenstation Neuwegersleben erleben

19 Telegrafenstation Neuwegersleben

Vor gut 150 Jahren wurden Nachrichten in Deutschland noch per Winkelementen verschickt. Wie das funktionierte, kann man in der ehemaligen Telegrafenstation Neuwegersleben erleben. Die gehörte von 1833 bis 1849 als Stationsturm Nr. 18 zur damaligen Optischen Telegrafenlinie des Königreiches Preußen und übermittelte Nachrichten zwischen Berlin und Koblenz am Rhein. Die Türme standen im Abstand von mehreren Kilometern, hatten Sichtkontakt und übermittelten über die beweglichen Zeiger auf dem Turm Informationen.

Telegrafenstation Neuwegersleben, April-Oktober, letzte So im Monat 14–17 Uhr.
Informationen über Tel: (039 401) 524 27 oder (039 401) 66 30.
über Oschersleben - 41 km - 6 Jahre

20 Traditions-Bahnbetriebswerk Staßfurt

Im Herbst 1992 machte die Bahn ihr Staßfurter Betriebswerk dicht, seither haben Eisenbahnfreunde dort eine Art Museum aufgebaut. Das Traditions-Betriebswerk ist mit 35 tqm Fläche und gut 7 km Gleisen das größte seiner Art in Mitteldeutschland. Im Zentrum der Anlage steht ein Ringlokschuppen mit Drehscheibe. Gut 35 Lokomotiven vom Schnellzug-Dampfroß 01 bis zu den dieselgetriebenen „Taiga-Trommeln" der DDR-Zeit können aus nächster Nähe erlebt werden, Eine Voranmeldung wird empfohlen. Dann führen die ehemaligen Bahner ihre Besucher über das Gelände. Wer möchte darf einen der Führerstände erklimmen. Dreimal im Jahr (März, Juni, Sept) veranstaltet der Verein ein Dampflokfest, dann stehen vier schwarze Riesen der Baureihen 41, 44, 50 und 52 für Schaufahrten bereit.

Traditionsbahnbetriebswerk Staßfurt, Tel: (039 25) 38 38 00, Besuche Mo-Sa 8-15 Uhr
A2 AS Staßfurt - 44 km - 6 Jahre

㉑ Weiße Flotte

Spätestens seit das Wasserstraßenkreuz eröffnet wurde, hat die Weiße Flotte zu neuer Attraktivität gefunden. Die Schlagworte heißen Große und Kleine Acht, gemeint sind Fahrten mit Überquerung der Trogbrücke. Die Fahrten dauern zweieinhalb bis drei Stunden. Unterwegs gibt es bei den Schleusungen und entlang der Hafenstrecke soviel zu sehen und zu bestaunen, daß es auch bewegungsaktiven Kindern kaum langweilig wird.

Weiße Flotte, Petriförder 1, Tel: 532 88 90, Saison von März bis Oktober, Erw. 6 bis 13,50 €, Kinder bis 6 frei, sonst halber Preis, www.weisseflotte-magdeburg.de
SWM-Card

㉒ Seitenraddampfer Württemberg

Als der mächtige Seitenradschleppdampfer Württemberg 1909 in Dienst gestellt wurde, erlebte die Dampfschiffahrt ihre Blütezeit und die Luft über dem Fluß war grau vom Qualm aus den Schornsteinen. Heute kann das komplette Deck des technischen Denkmals, mit Ausnahme der Brücke, von Besuchern frei betreten werden, dazu umrundet man das Schiff und steht neben den riesigen Schaufelrädern. Im hinteren Rumpf besteht dazu eine Ausstellung die technische Details des Schiffes zeigt und erklärt. (s. S. 58)

WEISSE FLOTTE: spätestens seit das Wasserstraßenkruez eröffnet wurde, hat die Fahrt mit einem der weißen „Dampfer" ihren besonderen Reiz.

Seitenraddampfer Württemberg, Heinrich-Heine-Weg, MD-Rotehorn, frei zugänglich

㉓ Historische Schau-Gerberei, Burg

Die Schauanlage in der Hainstraße (der einstigen Gerbergasse) gibt einen Einblick in die komplizierte und langwierige Prozedur des Loh- und Weißgerbens, die hier bis 1991 in herkömmlicher Weise ausgeübt wurde. Neben der Präsentation historischer Gerätschaften und Werkzeuge wird in den Ausstellungsräumen des über 500jährigen Fachwerkbaues das Leder als Kulturgut gewürdigt.

Schaugerberei Burg, Hainstraße, Tel: (03921) 68 95, Mo-Fr 10-17 Uhr, 1. und 3. Sa 10-17 Uhr1. und 3. So 14-17 Uhr
A2 AS Burg-Zentrum - 28 km - 8 Jahre

SEITENRADDAMPFER WÜRTTEMBERG: vor fast 100 Jahren wurde der Seitenraddampfer Württemberg in Dienst gestellt, seit 1974 liegt er als technisches Denkmal in den Elbwiesen vor der Stadthalle

Unter Dächern

Wer denkt, daß Museen langweilig sind und im Puppentheater nur die ganz Kleinen ihren Spaß haben, der sitzt eindeutig auf dem falschen Baum...

STÄDTISCHES PUPPENTHEATER: phantasievolles Figurentheater für jung und alt wie hier in „Der Wolf und die drei Schweinchen"

1 Kunstmuseum KULF

Das Kunstmuseum im Kloster Unser Lieben Frauen ist eigentlich nicht für Kinder konzipiert, aber an jedem ersten Sonntag im Monat findet eine spezielle Familienführung mit dem Besuch einer aktuellen Ausstellung und anschließender gestalterisch-kreativer Arbeit für kleine und große Leute statt (Beginn 10 Uhr, Ende 13 Uhr). Ein anderes Programm heißt Kunst mit Kindern – eine Entdeckungsreise durch das Kunstmuseum. Unter fachkundiger Anleitung werden verschiedene Techniken, wie Druck, Scherenschnitt oder die Arbeit mit Farben ausprobiert. (mittwochs 15-17 Uhr). Alle Angebote sind kostenlos.

Kunstmuseum Kloster Unser Lieben Frauen, Regierungsstraße 4-6, Tel: 5650217

2 Otto-von-Guericke-Museum Lukasklause

Er ist einer der großen Söhne unserer Stadt. Der Magdeburger Bürgermeister und Ingenieur Otto von Guericke wurde durch die Erfindung der Vakuumluftpumpe und durch seinen spektakulären „Magdeburger Halbkugelversuch" weltweit bekannt. Seit 1995 widmet die Stadt ihm in der Lukasklause eine ständige Ausstellung, die die großen Verdienste Otto von Guerickes für die klassischen Naturwissenschaften dokumentiert. Im Museum können große und kleine Besucher seine Experimente, wie Galgenversuch, Windbüchse und das „Wiegen der Luft" nachvollziehen. Darüber hinaus werden auf zwei Etagen originalgetreue Nachbauten von Pumpen und Experimentiergeräten präsentiert. Den Besuchern soll der Eindruck vermittelt werden, wie Otto von Guericke zu seiner Zeit in Magdeburg gelebt und experimentiert haben könnte.

Lukasklause, Schleinufer 1, MD-Altstadt, Tel: 5 41 06 16, Di - So 10 bis 17 Uhr, Anmeldungen von Führungen Tel: 6 71 69 87

3 Kulturhistorisches Museum

Das Kulturhistorische Museum bewahrt viel stadt- und regionalgeschichtliches Material auf. Die wertvollen, im Magdeburger Land gefundenen Objekte reichen von der Steinzeit, über Waffen des Mittelalters bis in die Moderne. Besonders spannend für Kinder: das 3x3 Meter große Modell der spätmittelalterlichen Stadt Magdeburg mit ihren Stadtmauern und Türmen oder das rotierende Kaiser-Panorama, in dem historische Stereoskopien gezeigt werden. Die 3-D-Aufnahmen entstanden um 1910 und ermöglichen

KULTURISTORISCHES MUSEUM: auf der Spur großer Magdeburger Zeiten. Das 1905 im Kaiser-Otto-Saal entstandene Wandgemälde von Arthur Kampf stellt den Einzug Kaiser Ottos in Magdeburg dar

OTTO-VON-GUERICKE-MUSEUM: dem großen Sohne der Stadt wurde ein eigenes Museum gewidmet. Darin sind unter anderem seine naturwissenschaftlichen Experimente zum Luftdruck anschaulich gemacht worden

NATURKUNDEMUSEUM: das Skelett eines urzeitlichen Riesenhirsches mit seinen mächtigen Schaufeln ist einer der Stars in der naturkundlichen Sammlung

dank der Technik des räumlichen Sehens eine virtuelle Zeitreise in die Vergangenheit Magdeburgs. Toll ist auch der Kaiser-Otto-Saal. Dort steht die originale Skulpturengruppe des Magdeburger Reiters und das riesige, dreiteilige Wandgemälde von Artur Kampf zeigt anschaulich drei Szenen aus dem Leben Kaiser Ottos. Den meisten Kindern ist das Haus jedoch durch das museumspädagogische Projekt

NATURKUNDEMUSEUM: Angeln durch die Jahrtausende. In fantasievoll gestalteten Schaukästen steht der urzeitliche Jäger und Sammler einem dickbäuchigen Petrijünger unserer Tage gegenüber

Megedeborch (siehe Seite 28) bekannt geworden, das hier seit 1996 durchgeführt wird.

Otto-von-Guericke-Str. 68-73, MD-Altstadt, Tel: 540 35 01, Di-So 10-17 Uhr (bis Mai 2005 zu), Eintritt frei (außer Sonderausstellungen), www.khm-magdeburg.de

4 Naturkundemuseum

Die naturkundlichen Sammlungen sind im Erdgeschoß des Kulturhistorischen Museums untergebracht und bringen jung und alt auf die Spuren unserer Tier- und Pflanzenwelt. Der Zeitbogen spannt sich dabei von versteinerten, unglaubliche 500 Millionen Jahre alten Trilobiten oder Saurier-Eiern bis zu echten Präparaten der heutigen Tierwelt. Star der Ausstellung ist das mehr als sechs Meter lange Skelett eines Plateosaurus, der vor über 200 Millionen Jahren hier lebte. Beeindruckend ist auch der Abschnitt zur letzten Eiszeit. Man erfährt in Schauvitrinen, wie der Steinzeitmensch gelebt hat, dazu kommen echte Mammutknochen, Skelette vom Höhlenbären und einem Riesenhirsch mit seinem mächtigen Geweih. Ein weiterer Schwerpunkt liegt auf dem Lebensraum Mittlere Elbe. In gestalteten Vitrinen erlebt man Eisvogel und Seeadler bei der Jagd, der Elbebiber ist beim Nagen und in seiner Biberburg zu beobachten. Jährlich im Mai ist Museumstag, dann kann man zusätzlich einen Blick in die Präparationswerkstätten werfen.

Otto-von-Guericke-Straße 68-73, MD-Altstadt Tel: 540 35 02, Di-So 10-17 Uhr, (bis Mai 2005 geschlossen) Eintritt frei, www.magdeburg.de/museen

5 Literaturhaus

Im Buckauer Geburtshaus des Arbeiterdichters Erich Weinert ist das Literaturhaus der Stadt untergebracht. Hier finden immer mal wieder sehenswerte Ausstellungen mit Kinderthemen statt (Mosaik, Erich Kästner, Astrid Lindgren), Dazu laufen kombinierte Veranstaltungen aus Film, Vorlesen und

Bastelarbeiten – das zumeist für Grundschul- und Hortgruppen, aber auch Familien sind willkommen. Im Literaturhaus können auch Kindergeburtstage gefeiert werden (s. Dienstleistungen).

Thiemstraße 7, MD-Buckau, Tel: 404 49 95, geöffnet: Mo-Fr 9-12 und 13-17 Uhr, www.literaturhaus.de.md

6 Jahrtausendturm im Elbauenpark

Als eines der größten Holzbauwerke der Welt ist er seit der Bundesgartenschau 1999 neues Wahrzeichen für Magdeburg – der Jahrtausendturm im Elbauenpark. Im Turm ist eine über 6.000 Jahre gespannte Ausstellung zur Forschungs- und Entwicklungsgeschichte der Menschheit aufgebaut, eine für Eltern und Kinder gleichermaßen spannenden Zeitreise durch unsere Geschichte. Es beginnt bei den ersten Schöpfungen des Menschen wie einfache Waffen und Töpferwaren, zeigt die ersten Hochkulturen in Ägypten und Mesopotamien und die antiken Weltmächte Athen und Rom. Die Reise endet schließlich bei den Erfindungen der Moderne. Sie „irren" durch einen geheimnisvollen altägyptischen Tempelgang, laufen über eine grobgepflasterte römische Straße oder besuchen eine Alchimistenwerkstatt. Vor allem für Kinder ist interessant, daß sich 80 der gut 250 Exponate „benutzen" lassen: man stempelt seinen Namen in ägyptischen Hieroglyphen, hebt einen ausgewachsenen Menschen mit Hilfe des äußeren Luftdrucks oder dreht mit Hilfe des römischen Tretrades eine archimedische Schraube. Die Ausstellungsbetreuer sind stets bereit, Experimente vorzuführen und zu erklären. Ein ganz besonderes Experiment hebt man sich vielleicht für den Schluß auf: das seit 2003 im Turm hängende Focaultsche Pen-

JAHRTAUSENDTURM: 6000 Jahre Menschheitsgeschichte sind auf mehreren Ebenen im Jahrtausendturm anschaulich dargestellt.

TÄUSCHUNG PERFEKT: Großer Junge, kleiner Junge – Im „Schiefen Zimmer", das die Begrenztheit des menschlichen Sehens aufzeigt, sind selbst Erwachsene nicht vor Überraschungen sicher

TECHNIKMUSEUM: eine ehemalige Produktionshalle des SKET beherbergt die sehr lebendige Ausstellung über die große Industrie- und Technikgeschichte der Stadt – allen voran ein Nachbau des Grade-Dreideckers

del wies schon vor 150 Jahren die Erdrotation nach! Seit 2002 ist der Besuch des Jahrtausendturms übrigens im Parkeintritt enthalten.

Turm April-Oktober 10-18 Uhr (außer Mo) geöffnet, Tagesticket Park: Erw. 2,60 €, Kinder 2,00 €, Familien 5,00 €, Abendticket ab 16 Uhr 1,00 €; Parkeintritt Winter: 1 €

7 Technikmuseum

Seit 1993 hat Magdeburg sein Technikmuseum um darin die großartigen Erinnerungen an die Industrialisierung der Stadt festzuhalten. Die ehemalige Produktionshalle des SKET an der Dodendorfer Straße ist wie kaum ein anderer Platz dafür geeignet. Einziger Nachteil: es liegt ein wenig weg vom Schuß, dafür findet man problemlos einen Parkplatz. Neben technikhistorischen Gegenständen und Anlagen des Magdeburger Maschinenbaus sind für alt und jung vor allem die anschaulichen Exponate der Alltagstechnik faszinierend. Die reichen von Motorrädern und PKWs der 50er Jahre, Feuerwehrwagen und historischen Rumpel-Straßenbahnen bis zum Nachbau eines Grade-Dreideckers, mit dem der Magdeburger Flugpionier 1908 seine Flugversuche auf dem Cracauer Anger unternahm. Dazu kommen eine Anzahl anschaulicher Modelle und Großtechnik auf dem Freigelände hinter dem Museum.

Dodendorfer Straße 65, MD-Schilfbreite, Tel: 622 39 06, Di-So 10-17 Uhr, Eintritt frei www.technikmuseum-magdeburg.de

8 Gruson-Gewächshäuser

Es ist der wahre Dschungel der Großstadt. Die feuchtschwüle Luft der Tropen empfängt Besucher schon in der Eingangszone der Gruson-Gewächshäuser, genau die richtigen Bedingungen, um Ananas, Kakao, Pfeffer und Kaffee wachsen zu lassen. In den zehn gläsernen Schauhäusern auf gut 4000 Quadratmetern Fläche werden aber auch Pflanzen anderer Klimazonen

GRUSON-GEWÄCHSHÄUSER: im Dschungel der Großstadt, zwischen den Palmen der Südsee und den Riesenwasserrosen des Amazonas haben Besucher jede Menge zu entdecken

„Ich war stolz wie ein Spanier"

Dem Magdeburger Hans Grade gelang 1908 auf dem Cracauer Anger der erste Motorflug Deutschlands

Flugpionier Hans Grade (1879-1946)

Der Wunsch, sich frei wie ein Vogel durch die Luft zu bewegen, ist so alt wie die Menschheit selbst. Ein Magdeburger, der sich um die Entwicklung von Flugzeugen große Verdienste erworben hat, war der Ingenieur **Hans Grade (1879-1946)**. 1908 gelang ihm auf dem Cracauer Anger – etwa dort, wo heute der Jahrtausendturm steht – der erste nachgewiesene Motorflug Deutschlands.

Der junge Hans war gerade 15 Jahre alt, als er von den Gleitflügen eines gewissen Otto Lilienthals erfuhr. Begeistert konstruierte er daraufhin selbst einen kleinen Gleitapparat, den er aus der Dachluke seines Elternhauses starten ließ. Das Modell schwebte durch den Garten, segelte eine elegante Kurve und stieß nach 75 Metern hart gegen die Mauer des Hauses. Der Kommentar des Vaters war wenig ermutigend: „Hans soll lieber lernen, damit er nicht sitzen bleibt, als sich mit derart brotlosen Künsten zu beschäftigen." Während seines Ingenieurstudiums konstruierte er bereits seinen ersten Flugmotor. Daß es den in Köslin (heute in Polen) geborenen Grade 1904 nach Magdeburg zog, war Zufall: ein hier lebender Freund bot ihm finanzielle Unterstützung für die Gründung eines Betriebes an. So wurde Hans mit jungen 25 Jahren Leiter und Chefkonstrukteur seiner ersten kleinen Fabrik, der „Grade-Motoren-Werke G.m.b.H., Magdeburg". Dort wurden in erster Linie Motorräder gebaut, ab 1907 begann er sein erstes Flugzeug zu konstruieren. Es war ein Dreidecker von 8 Metern Spannweite und einem 36 PS-Sechszylinder-Motor.

Im Oktober 1908, gut zwanzig Jahre nach Lilienthals Schwebeversuchen und vier Jahre nach dem weltersten Motorflug der amerikanischen Gebrüder Wright fing er mit ernsthaften Flugversuchen auf dem Cracauer Anger an. Am 28. Oktober 1908 war es soweit: bei einem seiner Rollversuche zog Grade das Höhenruder hart an, die Maschine hob ab und erreichte eine Höhe von gut acht Metern. Die Maschine war wohl genauso überrascht wie Grade selbst, sie kippte über den rechten Flügel ab und so endete der erste deutsche Motorflug mit

Historisches Ereignis: Hans Grade und der von ihm konstruierte Dreidekker im Herbst 1908 auf dem Cracauer Anger

einer Bruchlandung. Unverletzt der Maschine entstiegen, hat er später gesagt: „Vor mir lag der erste Bruch, hinter mir der erste Flug, aber ich war stolz wie ein Spanier."

Von diesem Unfall ließ sich Grade selbstverständlich nicht entmutigen, im selben Jahr noch entwickelte er einen äußerst flugfähigen Eindecker. Sein ingenieurtechnisches Gesamtwerk für Deutschland ist absolut rekordverdächtig: das erste Motorflugzeug, der erste Motorflug, der erste Überlandflug, der erste Flugplatz, die erste Flugzeugfabrik, die erste Fliegerschule und das erste Kleinauto gehen auf ihn zurück.

In Magdeburg ist heute eine Schule nach ihm benannt und den originalgetreuen Nachbau des Grade-Dreideckers von 1908 kann man im Technikmuseum (s. S. 60) bestaunen.

Der originalgetreue Nachbau des Dreideckers hängt im Technikmuseum

SCHIFFSMUSEUM: hier ist das Museum „gebäude" bereits das Hauptexponat. Der 1974 außer Dienst gestellte dampfmaschinenbetriebene Raddampfer Württemberg erzählt von einer großen Epoche der Elbschiffahrt

gezeigt. Da haben Palmen und Bambus im 16 Meter hohen Palmenhaus längst die Decke erreicht. Meterdicke Kakteen wie der „Schwiegermutterstuhl" oder die jedes Jahr nur in einer Nacht blühende „Königin der Nacht" warten im trockenwarmen Sukkulentenhaus und in den Tropenräumen breitet sich die Riesenwasserrose vom Amazonas aus, deren riesige schwimmende Blätter einen Menschen tragen können. Vor über 100 Jahren machte der Industrielle Hermann Gruson die Gewächshäuser der Stadt zum Geschenk und in all den Jahren haben sie nichts von ihrer Attraktivität eingebüßt. Für Kinder zusätzlich spannend sind die zahlreichen Terrarien und Folieren mit allerlei Tieren, darunter Papageie, tropische Fische und handgroße Jungkaimane.

Schönebecker Straße 129a, Buckau, Tel: 4042910, täglich 9.00 bis 17.00 Uhr (Winterhalbjahr 10.00 bis 16.00 Uhr)
Eintritt frei, www.magdeburg.de

9 Schiffsmuseum SD „Württemberg"

Als der mächtige Seitenradschleppdampfer Württemberg 1909 in Dienst gestellt wurde, erlebte die Dampfschiffahrt ihre Blütezeit und die Luft über dem Fluß war grau vom Qualm aus den Schornsteinen. Heute kann das komplette Deck des technischen Denkmals, mit Ausnahme der Brücke, von Besuchern frei betreten werden, dazu umrundet man das Schiff und steht neben den riesigen Schaufelrädern. Im hinteren Rumpf besteht dazu eine Ausstellung die technische Details des Schiffes zeigt und erklärt. (s. S. 58) Nach seiner letzten Fahrt auf der Elbe ging die „Württemberg" im Jahr 1974 als Museumsschiff auf der Rotehorn-Insel auf Dauer vor Anker. Im Innern des Dampfers informiert nunmehr seit mehr als einem Viertel Jahrhundert eine Ausstellung über die Elbeschiffahrt. Zusätzlich bietet der Magdeburger Elbe-Schiffer-Verein e.V. seinen Besuchern hauptsächlich Führungen durch das zu Beginn des 20. Jahrhunderts in Dienst gestellte Schiff an. Sie erhalten dabei interessante Einblicke in die Geschichte der Schiffstechnik und in die Lebensverhältnisse an Bord. Dienstags nachmittags jeweils ab 14.00 Uhr trifft sich der Verein auf dem Raddampfer zum traditionellen Klön-Snack, bei dem Gäste immer willkommen sind.

Volle Kraft voraus od langsam rückwärts?

Heinrich-Heine-Platz, MD-Stadtpark, Tel: 5 41 12 83, Di - Fr 10 bis 16 Uhr, Sa/So 10 bis 17 Uhr, Eintritt frei

MVB-MUSEUMSDEPOT: lebendig erlebbare Technikgeschichte an der Halberstädter Straße. Hier stehen alte Pferdebahnen neben den „Elektrischen" – vom spitz zulaufenden Hechtwagen bis zu den Tatrabahnen der 80er und 90er Jahre und werden von einer Interessengemeinschaft liebevoll gepflegt

⑩ MVB Museumsdepot

Seit über 125 Jahren fahren in Magdeburg Straßenbahnen. Anfangs als Pferdebahn mit wenigen Strecken, dann die erste rumpelnde „Elektrische" und später der „Hecht" oder die großen schweren Tatra-Bahnen. All diese historischen Fahrzeuge sind liebevoll von den Mitgliedern einer Interessengemeinschaft restauriert worden und stehen heute im Museumsdepot an der Halberstädter Straße. gut viermal im Jahr ist das Depot für die Öffentlichkeit zugänglich, an diesem Tag ist auch die Straßenbahnlinie 77 mit historischen Bahnen unterwegs.

Museumsdepot Sudenburg, Halberstädter Straße, Tel: 548 55 19, www.IGnah.de, Offene Tür: Mai, Juni, August, September

GEDENKSTÄTTE MORITZPLATZ: die Dokumente der Ausstellung belegen den Umgang der DDR mit Andersdenkenden

⑪ Gedenkstätte Moritzplatz

Der rote Backsteinbau am Moritzplatz hat Geschichte. Erst Königlich-preußisches Amtsgericht und Stadtgefängnis wurde der Komplex ab 1957 Untersuchungshaftanstalt für das Ministerium für Staatssicherheit der DDR. Im Herbst 1989 löste sich mit dem MfS auch die Haftanstalt auf, ein Jahr später wurde sie zur Gedenkstätte für die Opfer politischer Gewaltherrschaft erklärt. Die darin untergebrachte Ausstellung mit vielen Originaldokumenten und Berichten hier Inhaftierter Politischer Gefangener ist umso bedrückender, als sie im ehemaligen Zellentrakt untergebracht ist und die Sicherungseinrichtungen bis zu den Verhörräumen und den Freigangzonen noch vollständig erhalten sind.

Umfassungsstr. 79 (Moritzplatz), MD-Neue Neustadt, Tel: 244 55 90, Mo-Mi 9-16 Uhr, Do 9-18 Uhr, Fr 9-15 Uhr, Jeden 1. Sa im Monat 10 bis 12 Uhr, Eintritt frei

Museen außerhalb

⑫ Börde-Museum Burg Ummendorf

Der Turm der Ummendorfer Burg aus dem 12. Jahrhundert grüßt Besucher schon von weitem. Das Bördemuseum zu seinem Fuße macht die Landwirtschaft vergangener Zeiten

GEDENKSTÄTTE MORITZPLATZ: die Ausstellung für die Opfer politischer Gewaltherrschaft ist im ehemaligen Zellentrakt untergebracht.

HAUS DES WALDES HUNDISBURG: eine ehemalige Produktionshalle des SKET beherbergt heute die sehr lebendige Ausstellung über die große Industriegeschichte der Stadt und des Umlandes

erlebbar. Dazu gehört landwirtschaftliches Gerät zur Getreideverarbeitung und Mühlentechnik, im Freibereich erlebt man historische Maschinen vom Wanzleber Pflug bis zu den schweren Dampf-Lokomobilen. Spannend ist auch der Kräutergarten im Außengelände. Er führt uns die fast unüberschaubare Vielfalt der Wild- und Kulturpflanzen vor Augen, die in früheren Zeiten Verwendung gefunden haben.

Meyendorffstraße 4, 39365 Ummendorf, Tel: (039409) 522, Di-Fr 9.00-17.00 Uhr, Sa/So 12.00-17.00 Uhr, www.boerde-museum-burg-ummendorf.de
A2 AS Eilsleben, B 245 – 40 km – 6 Jahre

13 Kunsthof Solepark Bad Salzelmen

Die Pfänner, auch Salzherren genannt, prägten über Jahrhunderte die Stadt. Das Salz nannten sie wegen seines Wertes weißes Gold. Heute wird die Tradition im Kunsthof des Soleparks von Salzelmen mit einer Schausiederei hochgehalten. Hier wird Geschichte und Technik der Soleförderung und Salzgewinnung erlebbar gemacht, Am besten paßt man eines der in Abständen stattfindenden Schausieden in historischen Kostümen ab.

Badepark 1, Schönebeck, Tel: (03928) 7055-55/56, Mo-Fr 13-18 Uhr, Sa-So 10-13 und 14-18 Uhr (Okt-Febr Sa 14-18 Uhr), Gruppenführungen bei Anmeldung
A14 AS Schönebeck – 25 km – 6 Jahre

14 Haus des Waldes

Im Nordflügel von Schloß Hundisburg werden die unterschiedlichen Ansprüche der Menschen an den Wald auf spannende Weise veranschaulicht. Zentrales Gestaltungselement der Erlebnisausstellung ist eine dreidimensionale Walddarstellung. An interaktiven Modellen und Experimenten werden alle Besucher zum Mitmachen gefordert. Dabei darf man auch Wettergott spielen. Am Beregnungsmodell etwa kann man auf eindrucksvolle Weise die Unterschiede im Abflußverhalten einer Wald- und Stadtlandschaft erkennen. Dazu finden Führungen auf dem Walderlebnispfad und im Landschaftspark statt.

Oberhof des Schloßes, 39343 Hundisburg, Tel: (03904) 668757, Di-Fr 9-15 Uhr, So 14-17 Uhr, Erw. 2 €, Kind bis 6 frei, sonst 1 €, www.haus-des-waldes.de
A2 AS Bornstedt - 33 km - 8 Jahre

15 Zonengrenzmuseum Helmstedt

Das Zonengrenz-Museum dokumentiert anhand von Originalobjekten, Fotografien, Modellen und lebensgroßen Inszenierungen in fünf Abschnitten die Geschichte der ehemaligen innerdeutschen Grenzen von ihren Anfängen bis zur Wiedervereinigung Deutschlands 1990. So erfolgt z. B. in der Abteilung „Das Gesicht der Grenze" eine beeindruckende Darstellung der Grenze mit originalem Streckmetallzaun, Warnschildern, Minen, Selbstschußanlage und einem Überblicksmodell der Sperranlagen.

Südertor 6, 38350 Helmstedt, Tel: (05351) 121 11 33, Di-Fr 15 bis 17 Uhr, Mi auch 10-12 Uhr. Sa/So 10 bis 17 Uhr
A2 AS Helmstedt Ost - 49 km - 8 Jahre

16 Luftfahrtmuseum Wernigerode

Die alte Versandhalle des ehemaligen Elmo-Werkes Wernigerode beherbergt seit 1999 ein bemerkenswertes privates Flugzeugmuseum. Der sammelverrückte Inhaber Clement Aulich hat darin mehr als 20 Original-Maschinen aller Herren Länder zusammengetragen, darunter 4 Hubschrauber wie der Mi 1 oder der auch bei der Bundeswehr eingesetzte Bell UH1. Star in der Sammlung der Kampfflugzeuge ist eine Lookheed F 104 Starfighter. Das Museum ist eine Ausstellung über das Fliegen insgesamt. Neben den tollen Maschinen kann man viele Technikdetails entdecken und erfährt aus fachkundiger Hand interessante Hintergründe.

Gießerweg 1, 38855 Wernigerode, Tel: (03943) 63 31 26, Mo/Di 10-15 Uhr, Mi-So 10-17 Uhr, bis 4 frei, 5-15 Jahre 2 €, ab 16 3 €, www.luftfahrtmuseum-wernigerode.de
B 81/B 6 üb. Halberstadt - 78 km - 6 Jahre

Kino, Theater & Spiel

17 Puppentheater

Magdeburg hat eine lange Puppenspiel-Tradition und es gibt nur wenige Städte in Deutschland, die über ein festes Haus mit zugehörigem Ensemble verfügen. Längst sind es in Buckau nicht mehr nur Figuren an Fäden oder Handpuppen an Stäben, denn seit den Zeiten Franz Xaver Schichtls vor 100 Jahren hat sich das Puppenspiel auf wundersame Weise weiterentwickelt. Da erlebt man neue Spieltechniken, die Raum und Licht auf aufregende Weise anders nutzen und phantasievoll gestaltete Puppen faszinieren alt wie jung gleichermaßen.

Warschauer Str. 25, MD-Buckau, Tel: 540 33 10, www.puppentheater-magdeburg.de
SWM-Card

18 Theater für junge Zuschauer

Das Haus am Jerichower Platz ist seit 2003 das Theater für junge Zuschauer. Hier finden Premieren und Repertoireaufführungen für 6-15jährige statt. Das Programm ist spartenübergreifend von Schauspiel bis

STÄDTISCHES PUPPENTHEATER: an der Warschauer Straße werden die schönsten Illusionen gemacht, werden Kinder wie Erwachsene in eine magische Wellt entführt, werden Geschichten erzählt, die Fernseher und Video vergessen lassen.

Ballett. Daneben ist das Haus auch theaterpädagogisches Zentrum und bietet ein offenes Podium für Gastspiele von Schülertheatern und für die freie Kindertheaterarbeit.

Tessenowstraße, MD-Cracau, Tel: 540 www.theater-magdeburg.de
SWM-Card

19 Spiel- und Projekthaus

Das Konzept der Mitbestimmung von Kindern zeigte sich schon beim Workshop zur Gestaltung des Hauses. Seither dürfen hier Kinder unter Anleitung von Studenten der pädagogischen Fakultät der Hochschule ihre Ideen ausleben. Auf reichlich Fläche darf dabei gespielt, geknetet, geschaukelt, gegrillt oder gebuddelt werden. Gruppen und einzelne Besucher sind dabei gleichermaßen willkommen.

Elbauenpark, Breitscheidstr. 2 (Nordeingang) Tel: 59 57 274, Di-Sa 10-18 Uhr, Eintritt frei

20 Kino

Der Sonntag ist der Familientag in den Kinos. Das halten beide großen Multiplex-Center bei Programm und Preisen gleichermaßen so. Dann zahlen Eltern und Kinder (CinemaxX bis 11, Village bis 12 Jahre) 3,90 € pro Person. Auch Dienstag und Donnerstags sind vergünstigte Tage.

CinemaxX, Kantstraße 6, (City Carre), MD-Altstadt, Karten: (01805) 24 63 62 99
Village Cinemas, Pfahlberg, Programminfo: 25 525 25, www.village-cinemas.de

Spiel und Baden

Hinaus ins Freie, sich bewegen und Spaß haben: ob man den Weg zum Abenteuerspielplatz nimmt oder Abkühlung im Freibad sucht, hängt von Lust und Laune und manchmal auch vom Wetter ab.

Große Pyramide Hegelstraße

1 Nautica Spaßbad

Seit 1998 hat Magdeburg sein Spaßbad. Gebadet wird im Sommer draußen und im Winter unter dem Glasdachüberspannten Hallenbad. Gut 1700 Quadratmeter Wasserfläche, unterteilt in sechs Becken, lassen Raum für Spaß hier und Entspannung dort. Für Kinder ist im Sommer das äußere Abenteuerbecken mit Rutschen, Brausen und Kletterteilen erste Adresse, dazu grüßt vom nebenliegenden See das Tauchboot „Nautilus". Absolutes Erlebnis und echte Mutproben sind die beiden Großrutschen des Bades, eine 107 Meter lange Erlebnisrutsche mit Lichteffekten und die 80 Meter Speedröhre, auf der man Geschwindigkeiten bis 50 km/h erreicht. Wow!

Herrenkrugstraße 150, MD-Herrenkrug, Tel: 81 81 00, geöffnet: So-Do 10-22 Uhr, Fr/Sa 10-23 Uhr, Tageskarte: Erw 9,50 €, (ab 19/WE ab 20 Uhr 6 €), bis 16 Jahre 6,50 €; Kind bis 99 cm 2 €, Familie (2 E, 2 Ki) 27 €
SWM-Card

2 NEZ Neustädter See

Der Neustädter See ist, umstanden von Wohnblöcken, ein echter Stadtstrand. Besucher wählen zwischen bewachtem Strandbad am Südufer und zahllosen wilden Badestellen. Der Vorteil des Naherholungszentrums liegt gerade für Familien auf der Hand: gepflegte breite Kiesstrände frei von Hundehaufen und Papiermüll, ein spezieller Kinderstrand mit markiertem Nichtschwimmerbereich und nicht zuletzt der Spielplatz geben den Kleinen viel Raum zum Spielen im Wasser oder an Land. Im hinteren Bereich des Bades ist auch eine bei den Magdeburgern sehr beliebte FKK-Zone eingerichtet. Dann allerdings ohne Aufsicht und auf eigene Gefahr. Auf der anderen Seite des Sees liegt die Wasserskianlage.

Salvador-Allende-Straße 30-35, MD-Nord, Tel: 25 37 936; Öffnungszeiten (Mai bis Sept): täglich 9.00-19.00 Uhr (Ende der Bewachung), es gilt Hundeverbot, Eintritt: Erw. 2,50 Euro, Kinder 1,00 Euro

NAUTICA SPASSBAD: im Sommer ist für Kinder das äußere Abenteuerbecken mit Rutschen, Brausen und Kletterteilen erste Adresse, ansonsten locken die Speedrutschen unter dem Hallendach

3 Freibad Süd

Das Freibad Süd an der Endstelle der Straßenbahnen 3 und 9 ist weit über die Stadtteile Reform und Schilfbreite hinaus beliebt. Erst recht seit der umfassenden Sanierung 2001: aus dem schmalen Becken wurde ein tolles Badeland mit hohem Freizeitwert, Rutschen, Sprungbrett, Flachwasserbereich, Imbiss, Kinderspielplatz, Volleyball und dazu viel gepflegte Wiese drumherum. Einziges Handicap: die wenigen Parkplätze im Umfeld.

Am Kirschweg, MD-Reform, Tel: 610 86 81, Öffnungszeiten (Mai bis September): tägl. 9.00-19.00 Uhr, es gilt Hundeverbot, Eintritt: Erw. 2,50 Euro, Kinder 1,00 Euro

FREIBAD SÜD: Nach dem Umbau von 2001 ist das gute alte Freibad Süd nicht mehr wiederzuerkennen und bietet Freizeitspaß mit tollen Rutschen, Flachwasserbereich und einem Kinderspielplatz

ERICH-RADEMACHER-BAD: in Zeiten knapper kommunaler Kassen sind Neubauten von Freibädern echte Seltenheiten. Das Rademacher-Bad am Rande von Olvenstedt ist dafür auch besonders schön geworden

4 Erich-Rademacher-Bad

Seit Juni 2002 ist Magdeburg um ein Freibad reicher und das trägt den Namen einer Magdeburger Schwimm-Legende aus den 30er Jahren: Erich Rademacher. Ihm zu Ehren wurde eine Büste mit den wichtigsten Erfolgen, darunter auch mehrere Weltrekorde, aufgestellt. Der Komplex am Rande des Wohngebietes Olvenstedt und dem Florapark besteht aus drei Edelstahlbecken, abgestuft nach Schwimmer-, Nichtschwimmer- und Planschbecken für die Kleinsten. Auch der Spaß kommt hier nicht zu kurz, denn es wurde auch an eine Rutsche und einen Wasser-Pilz gedacht. An die Becken schließt eine große Fläche als Liegewiese an.

Joh.-Göderitz-Str. 113, MD-Olvenstedt, Tel: 722 62 27, Öffnungszeiten (Mai bis Sept): tägl. 9.00-19.00 Uhr, Erwachsene 3 €, Kinder 1,50 €. (ab 17 Uhr Drittel Preis)

CARL-MILLER-BAD: So zentral gelegen ist kein anderes Freibad der Stadt. Das aus einem alten Feuerlöschbecken entstandene Bad nahe des Hasselbachplatzes ist damit eine echte Oase in der Großstadt.

5 Carl-Miller-Bad

Das Carl-Miller-Bad nahe dem Hasselbachplatz ist das einzige innerstädtische Freibad, seit das Stadtbad in den Neunzigern der Gier von Immobilienhaien zum Opfer fiel. Die Anlage bietet eine 50m-Bahn und das anschließende Kinderbecken, dazu Volleyball, Tischtennis und Kioskgastronomie. Auf den Liegebereichen kann es an heißen Tagen schon mal eng werden. Parkplätze sind nur wenige vorhanden, man sollte besser mit der Straßenbahn (Linien 3, 9 & 10) oder mit dem Fahrrad kommen..

Carl-Miller-Straße, MD-Altstadt, Tel: 622 82 11, Öffnungszeiten (Mai bis Sept): täglich 9.00-19.00 Uhr, Erw. 2 €, Kinder 1 €

6 NEZ Barleber See

Magdeburgs Naherholungszentrum Nummer eins ist und bleibt der Barleber See. Das liegt zum einen an seiner optimalen Erreichbarkeit (mal abgesehen von gut 800 Meter Fußweg ab der Straßenbahnendstelle) zum anderen an seinem hohen Freizeitwert für jung und alt. Weil der 100 ha große ehemalige Baggersee nur knappe 10 m tief ist, hat man meist schon im Mai gute Wassertemperaturen. Das Strandbad zieht sich über gut 1 Kilometer entlang des Ostufers hin und jeder findet sein individuelles Plätzchen: mittendrin im Getümmel auf dem breiten Hauptstrand oder zurückgezogen und schattig in den schilfbestandenen Randzonen bis hinauf zur Siedlung am Kanal. An heißen Sommertagen zählt man leicht mehr als 10.000 Besucher. Drei Rettungstürme sorgen dabei für mehr Sicherheit. Für die sportliche Betätigung stehen Beach-Volleyballplätze, ein Beach-Basketballfeld, eine Kegelbahn, eine Minigolf-Anlage sowie beständig

erweiterte Spielplätze für Kinder aller Altersgruppen bereit. Hinzu kommt ein Verleih für Ruderboote, Wassertreter, Sonnenliegen und Schirme. Dazu kommen Kioske, Eisbuden und Gastronomie.

Str. am Kieswerk, MD-Rothensee, Tel: 50 31 34, Öffnungszeiten (Mai bis Sept): täglich 9.00-19.00 Uhr (Ende der Bewach.) es gilt Hundeverbot, Erw. 2,50 €, Kind 1 €

7 Barroseen

Offiziell sind die drei Seen Anglerrevier, aber an heißen Sommertagen tummelt sich vor allem am südlichen, größten See die Menschen. Bewachung gibt es keine, das schlägt sich dann in Abfällen auf den Wiesen nieder.

An den Barroseen, MD-Rothensee, unbewacht

8 Salbker Seen

Die beiden Salbker Seen haben zwar kein Strandbad mehr, trotzdem sind sie als kurzwegig erreichbare Badestellen nach wie vor beliebt. Das ehemalige Strandbad am Südufer von See 1 (Zufahrt über Unterhorstweg) ist noch immer in einem annehmbaren Zustand, auch wenn der Vandalismus bereits seine Spuren hinterlassen hat. Der schönere Badesee ist ohne Zweifel der Salbker 2.

Zufahrten zu den Seen: am Platz der Freundschaft, am Otto-Lehmann-Platz, Unterhorstweg, unbewacht

Freibäder außerhalb

9 Freizeitbad Zielitz

Die Abwärme des nahen Kalisalzbetriebes nutzt das Freizeitbad Zielitz für das Heizen seines Beckens. Auch in kühleren Monaten hat das Wasser so mindestens 26 Grad Temperatur. Nach einer umfassenden Sanierung 1999 hat die Badeanlage drei Bereiche: ein 25m-Schwimmbecken, Nichtschwimmerbecken, Kinderbecken, dazuSpielgeräte, Minigolf und außerhalb des Bades eine Skatebahn und passable gastronomische Versorgung.

Am Schwimmbad, Zielitz, Saison April bis Oktober, geöffnet Mo-Fr 13-20 Uhr (in den Ferien ab 9 Uhr), Wochenende 9-20 Uhr
B 189, hinter Wolmirstedt rechts - 19 km

10 Freibad Negenborn

Das Badezentrum in Schöningen war mangels näherer Alternativen besonders nach der Wende ein beliebtes Ausflugsziel für Familien aus dem Raum Magdeburg. Nach der Eröffnung von Nautica und Co. lohnt sich der Ausflug nur noch bedingt. Einmalige Attraktion des Zentrums ist und bleibt aber die Riesenrutsche mit 115 m Länge – das Paradies für Kinder.

Negenborntrift, 38364 Schöningen, Tel: (05352) 512-193, geöffnet: Mo 6-13 Uhr, Di./Mi. 6-20 Uhr, Do 6-21.30 Uhr, Fr 6-20 Uhr, Sa 6-19 Uhr, So 8-18 Uhr
A2 bis AS Helmstedt-Ost - 52 km

STRANDBAD BARLEBER SEE: Nach wie vor ist das Strandbad am Barleber See bei den Besucherzahlen die Nummer eins in Magdeburg. Ein Grund sind die tollen Freizeitmöglichkeiten außerhalb des Wassers

KÖNIGSSEE: dank steiler Ufer kann man hier – wie auch an anderen Seen – tollkühne Sprünge ins tiefe Wasser machen

11 Gommeraner Seen

Lange Zeit wurden zwischen Gommern und Pretzien in Steinbrüchen Quarzite gebrochen. Nach Ende des Abbaus liefen alle Brüche mit Wasser voll, die heute Badelustige in das entstandene Seengebiet locken. Die fast 30 Seen haben meist von steilen Felsen umsäumte Uferzonen. Zumeist sind es reizvolle kleine Sandstrände, die den Einstieg ermöglichen, wegen des oft steil abfallenden Seegrundes sind sie jedoch nicht ungefährlich für Nichtschwimmer. Eine Alternative sind einzelne Baggerseen, die zum Teil erst in den letzten Jahren entstanden. Die Zufahrten bestehen meist aus sandigen Waldwegen, die Ausschilderung ist gut. Man wählt zwischen unbewachten Seen (am besten mit Picknickkorb) und solchen mit guter Infrastruktur wie Spielgeräten, Kiosken und Wasserrettungsdienst, bei denen man dafür auch einen Eintritt entrichtet.

bewachte Seen

Kulk

Der Kulk am Rande Gommerns hat eine Attraktion: der Fuchsberg, eine 20 Meter hohe Wanderdüne. Die ist vor allem Spaßfaktor beim Hereinlaufen ins Wasser. Um den See weitere Freizeitmöglichkeiten: der Steingarten oder ein 17 Meter hoher Aussichtsturm.

Plattensee

Nach wie vor das Vorzeigeobjekt unter den Seen. Auf dem Gelände des Campingplatz gibt es einen breiten Badestrand und eine Badeinsel in der Seemitte. Der Sandstrand fällt flach ins Wasser ab und ist ideal für Familien. Dazu Versorgungseinrichtungen und Sportmöglichkeiten. Eintritt: Erw. 1 €, Kind 0,50 €; Camping: (039200) 51616

unbewachte Seen

AWG-Seen / Sandkuhle

Weil am südlichen Ende der AWG-Seen noch Kies gebaggert wird, ist Baden offiziell verboten. Angesichts naturbelassener Strände und Liegewiesen halten sich viele nicht daran. Der Übergang ins Wasser ist flach und gut zugänglich. Direkt nebenan befindet sich der kleine Bruder: die Sandkuhle.

Kolumbussee

Rund um den See steht eine Bungalowsiedlung. Neben Baden gibt es eine Eisdiele und eine Spielhalle. Neben der Halle schaut man auf 30qm Fläche einer LGB-Modellbahn zu.

LGB-Modellbahn am Kolumbussee

Gisela- und Edersee

Versteckt im Wald und doch sehr beliebt. Nebenan liegt ein Campingplatz, am Edersee ein Abenteuerspielplatz für Kinder.

Königsee

Umgeben von herrlichem Wald liegt der Königsee. Kolumbussee grenzen, nur durch eine Waldstraße getrennt. Der Königsee ist gut 20 Meter tief. Hier darf auch getaucht werden.

Steinbruch-/Tiefen-/Blauer See

Die drei Brüche sind mit den Jahren und steigendem Wasser zu einem See vereint. Der Steinbruchsee ist für den Tauchsport zugelassen. Das benachbarte Waldcafé ist beliebtes Ausflugsziel..

Großer/Kleiner/Grüner Waldsee

Idyllisch und abgeschieden. Die Waldseen sind ideal für ein einen Badetag mit Picknick. Nebenan befindet sich der Campingplatz mit allen Versorgungseinrichtungen. Camping Tel: (039200) 50155

Felsensee / Langer See

Mit das tiefste Gewässer (um die 30 m), mit herrlich klarem, auch im Sommer sehr kalten Wasser. Herrlich im Wald gelegen, ist es trotzdem zu Versorgungseinrichtungen nicht weit.

Kleiner See

Wie bezeichnend: Der Kleine See in Nachbarschaft zu Platten- und Schilfsee ist wirklich klitzeklein. Baden ist trotzdem ausgezeichnet möglich.

Dannigkower See

Auch diesen See muß man etwas hinter dem Plattensee suchen. Der Dannigkower See liegt schon fast unmittelbar an der Straße nach Dornburg. Auch hier entstanden mit den Jahren viele Bungalowsiedlungen.

Der Neue See

gehört zu den ein wenig abseits und etwas schlechter zu erreichenden Seen. Inmitten herrlicher Waldlandschaft liegt er im Bereich hinter dem Plattensee.

Silbersee

Ein geheimnisvoller See mit einem interessanten Namen. Man sagt, daß das Wasser bei Mondschein sehr silbrig schimmert.

Schilfsee

Umgeben von einem riesigen Schilfgürtel erhielt dieser See wahrscheinlich seinen Namen. Wie alle anderen am Rande des Seengebietes ist er herrlich im Wald gelegen.

KOLUMBUSSEE: wie ein Auge im Wald liegt der Kolumbussee. Kleine feine Sandstrände machen Lust auf Baden. Als Eltern muß man vor allem auf Nichtschwimmerkinder achten, die Einstiege sind nicht breit und der Seeboden fällt schnell steil ab.

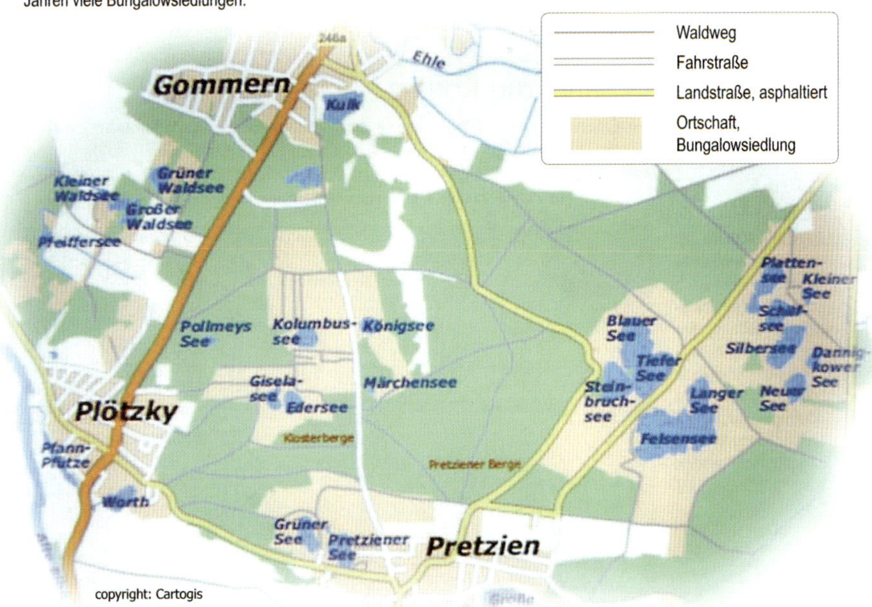

copyright: Cartogis

BADESEEN SANDKRUG: die Kiesseen hinter Rogätz werden im Sommer bewirtschaftet. Viel Wiese zum Rumtollen und flache Einstiege in das von Schilf umstandene Wasser bieten gute Bedingungen für Kinder

12 Jersleber See

Versteckt hinter dem Mittellandkanal liegt der Jersleber. Der idyllische Badebereich bietet Sand und Liegewiesen, Bäume spenden angenehmen Schatten. Gleich neben dem überwachten Strandbad liegt der örtliche Campingplatz mit Gastronomie und Kinderspielplatz. FKK ist nicht möglich. In den Ferien und im Sommer sind Rettungsschwimmer vor Ort.

Jersleber See, 39326 Jersleben, Tel: (039 201) 21857, Strandbad und unbewachter Str.
B 189, AS Wolmirstedt - 17 km

13 Sandkrug Rogätz

Betreiberin Renate Gröbler kann sich freuen: Die beiden Kiesseen hinter Rogätz rangieren bei der Wasserqualität seit Jahren in Klasse 1. Viel Wiese zum Rumtollen und der flache Einstieg in das von Schilf umstandene Wasser bieten gute Bedingungen für Kinder. Es kann auch gecampt werden.

Zeltplatz Sandkrug, 39326 Rogätz, Tel: (039 363) 97 602
B 189, hinter Wolmirstedt rechts - 28 km

14 Niegripper See

Vorbei an den Schleusen des Wasserstraßenkreuzes gelangt man über den Altkanal zum Niegripper See. Dank des Campingplatzes sind dort die Bedingungen sehr gut: Toiletten, Gastronomie, Kinderspielplatz, dazu ein Wasserrettungsdienst.

Camping Niegripper See, Gossel 24, 39288 Burg, Tel: (03921) 5277, bewachter Strand
A2, AS Lostau, hinter Niegripp rechts - 22 km

Hallenbäder

15 Solebad Salzelmen

Das Gesundheits- und Erholungsbad „Solequell Bad Salzelmen" ist seit 1999 erste Adresse für Erholungssuchende. Auch wenn das Bad ausdrücklich kein Spaßbad ist, wurden in dem großzügig angelegten Badebereich mit über 600qm Wasserfläche neben Kaskadenbecken, Whirlpool, Erlebnisbecken mit Bodensprudlern, Wasserspeiern und Strömungskanal auch ein Kinderbecken (vorrangig für Kleinstkinder) berücksichtigt. Die heilsame Wirkung der Sole auf Haut

ELBESCHWIMMHALLE: erst im Sommer 2004 wurde die Halle nach umfangreicher Sanierung neu eröffnet. Hier trainieren vormittags die Schwimm-Asse des SCM, ansonsten kann geschwommen und im Kinderbecken geplanscht werden

und Atemwege hilft auch den Kleinen. Dank Soletemperaturen bis 36 °C und Salzgehalt um 3,5 % hat man Badefreuden, die so nicht einmal an der Nordsee zu finden sind. Spaß macht im Winter das geheizte Außenbecken, das dann geheimnisvoll dampft.

Dr.-Tolberg-Straße 33, 39218 Schönebeck, Tel:(039 28) 70 55 66, Mo-Sa 8-22 Uhr, So/FT 8-20 Uhr, Erwachsene (2h) 6 €, Kind (2h) 4 €, Familie (2+1 ohne Zeitlimit) 25 €
A14, AS Schönebeck - 21 km SWM-Card

16 Elbe-Schwimmhalle

Seit ihrer Wiedereröffnung im Sommer 2004 ist die Elbeschwimmhalle wieder allererste Adresse für einen Badebesuch. Dort wo vormittags die Schwimm-Asse des SCM trainieren, kann ansonsten auf der 50-Meter-Bahn geschwommen werden und wer sich traut, steigt auf den Sprungturm. Schön für Familien das 15-Meter-Kinderplanschbecken, das beim Schwimmeister jetzt bestens im Blick ist.

Virchowstr. 9, Tel: 50 64 860, 1. Stunde: Erw. 3 €, Kinder 1,50 €; Familie (2h) 10 €

17 Dynamohalle

Für einen Besuch mit Kindern ist die Dynamohalle (neudeutsch: Schwimmhalle Große Diesdorfer Straße) sicher die uninteressanteste, weil nur das 50-m-Becken zur Verfügung steht, dafür sind die Öffnungszeiten freundlicher.

Große Diesdorfer Str. 104a, MD-Diesdorf, Tel: 739 11 98, Mo-Fr 8-15 Uhr (Mi ab 10), 1 h: Erw. 2,5 €, Kinder 1 €, Familie (2h) 9 €

18 Schwimmhalle Nord

Die Halle ist baulich ein Ebenbild zu Olvenstedt. Schön für Kinder: das warme Flachwasserbecken, in dem man gefahrfrei planschen kann.

Albert-Schweitzer-Straße 1, MD-Nord, Tel: 253 79 80, 1. Stunde: Erwachsene 2,50 €, Kinder 1 €, Familienkarte (2h) 9 €

19 Schwimmhalle Olvenstedt

Die jüngste aller Schwimmhallen steht am Rande Olvenstedts, ist aber auch von Stadtfeld und Texas gut zu erreichen. Zur 25 Meter-Bahn gehört ein kleines wärmer temperiertes Flachwasserbecken, dazu stehen Schwimmhilfen, Badeinseln und anderes bereit.

Johannes-Göderitz-Str. 113, MD-Olvenstedt, Tel: 7226227, 1. Stunde: Erwachsene 2,50 € Kinder 1 €, Familienkarte (2h) 9 €

SOLEBAD SALZELMEN: grün wie ein Salzkristall leuchtet das Solebad in den Abendhimmel. Als Spaß- und Planschbad ist es nicht geeignet, ein Besuch mit Kindern ist trotzdem problemlos. Das solehaltige Wasser ist zudem gut für Haut und Atemwege

Sie haben Fragen zur Wasserqualität der Seen?

Möglicherweise haben Sie Bedenken in Bezug auf die Wasserqualität einzelner Seen? Kein Problem, denn das Wasser von gut 60 Badeseen in Sachsen-Anhalt wird regelmäßig überwacht. Zur Einschätzung der hygienischen Gesamtsituation gehören die Prüfung der bakteriellen Belastung, Wasserfärbung, Sichttiefe, Geruch, Schaum, Zuflüsse, Besatz mit Wasservögeln und Algenentwicklung. Die aktuellen Daten sowie weitere Informationen zur Gesamtsituation der Badeseen (z.B. Strandqualität, Sport-, Freizeit- oder gastronomische Angebote) bietet die digitale Badegewässerkarte im Internetauftritt des Gesundheitsministeriums:

www.ms.sachsen-anhalt.de/badegewaesserkarte

Top 12 Spielplätze

Wohl bei keinem Thema wird die kinderfreundliche Politik Magdeburgs deutlicher als hier. Die Stadt hat in den letzten Jahren kräftig in den Bau neuer Spielplätze investiert. Derzeit gibt es 129 kleine und große öffentliche Spielplätze. Noch besser: die meisten Spielplätze werden regelmäßig durch das Spielplatzmobil der Stadt angefahren und gereinigt (Haben Sie Fragen zur Reinigung? Grünflächenamt, Herr Hoffmann, Tel. 733 13 91). Nachfolgend die zwölf schönsten Plätze, für die sich auch ein längerer Anfahrtsweg lohnt. Aufgeführt sind nur eintrittsfrei zugängliche Plätze, weshalb die tollen öffentlichen Spielplätze im Elbauenpark (siehe S. 8/9) oder im Zoo (siehe S. 36/37) nicht berücksichtigt sind.

1 Spacegate

Der Tipp von: MÜLLER

Durch das Weltentor am Nordpark betritt man den „Weltraumbahnhof", klettert in einer Erdkugel oder steigt in die Spitze der 6,50 Meter hohen Mondrakete. Wer die Rakete über die verschlungene „Not"-Rutsche verläßt, landet beim „Space-Net", einem verschlungenen fünfeckigen Kletterturm. Ein weiteres Kletterhighlight ist das welterste „UFO". Die achteckige Holzkonstruktion ist auf Federn gelagert, drinnen steht ein Steuerpult für Raumschiffkapitäne.

Pappelallee, MD-Alte Neustadt, ab 3 Jahre

2 Florapark

Die Attraktion des Spielplatzes Florapark (ehemals Bördegarten) ist der Rutschenturm mit mehr als zehn Meter langen Röhren. Sandbagger, Pendelkarussell, Kettenbrücke, Skateparcours und eine Kletterwand ergänzen das Spielangebot.

Holzweg, MD-Neustädter Feld, 2-12 Jahre

3 Kletterpyramide

Mannohmann, ist das eine irre Pyramide. Gut 12 Meter reckt sich die phantastische Kletterwelt am Rande des Wohngebietes Olvenstedt in die Höhe. Oben, wo sich Pyramide und Himmel berühren, sind zahllose Sitzflächen angebracht und man schaut weit über die Stadt. Selbst ein Sturz bereitet hier keine Sorgen, denn der Seilboden über der Wanne funktioniert wie ein Fallnetz.

Rennebogen, MD-Olvenstedt, ab 6 Jahre

4 Spielplatz Olvenstedter Scheid

Knappe 7.000 qm ist das Areal am Olvenstedter Scheid groß, der größte Spielplatz der Stadt. Bolzplatz, Skate-parcour und ein Kletterwald eignen sich für ältere Kinder.

Olvenstedter Scheid, MD-Olvenstedt, ab 6 Jahre

5 Baumhäuser im Glacispark

Wie Tarzan im Dschungel fühlen sich Kinder in den Baumhäusern am Adelheidring. Die Baumhäuser haben Plattformen in bis zu 4 Metern Höhe, dazu sind drei Turmvarianten errichtet worden, die durch kühne Brücken verbunden sind. Ein echtes Kletterabenteuer.

Adelheidring, MD-Stadtfeld, ab 6 Jahre

6 Spielpark Hegelstraße

Die Spielmöglichkeiten auf dem umzäunten Areal nahe dem Hasselbachplatz sind ungewöhnlich vielfältig: vom Ballspiel über phantasievolle Gleichgewichts-Geräte bis zum Planschteich mit dem Seeräuberfloß. Attraktion ist die riesige Kletterlandschaft. Eine Seilpyramide ist über Hochwege mit dem Rutschenturm verbunden. Von dessen Spitze führen mehrere meterhohe Rutschen in die jauchzende Tiefe.

Hegelstraße, Eingang Einsteinstr., MD-Altstadt, 2-12 Jahre

7 Spielschiff Neustädter See

Das parkartige Westufer des Neustädter Sees hinter der Straßenbahnendstelle hat neben wilden Badestränden, der Wasserskianlage und Fußballwiesen auch einen tollen Abenteuerspielplatz. Passend zum Thema „Meer" hat man dort große Holz-Schiffe errichtet und läßt kleinen Schiffskapitänen und wilden Piraten alle Möglichkeiten, auf spielerische Weise in See zu stechen.

Am Neustädter See, MD-Nord, ab 4 Jahre

8 Harry Potter Platz

Am Hermann-Bruse-Platz ist Bewegung. Alte „Platten" werden zu attraktiven Reihenhäusern. Mittendrin der Zauberlehrling Harry Potter und sein phantasiereiches „Zauberland". Harry fliegt hier als Holzfigur auf einem Besen über den Platz, der „Sprechende Hut" dreht sich als Karussell. Zaubererfiguren sind auch an der Schaukel und vor der kleinen Burg zum Klettern und „Lümmeln". Einziges Ärgernis: zu viel Papiermüll.

Crucigerstraße/Bruse-Platz, MD-Neustädter Feld, Kinder ab 4

9 Seefahrerstadt Diesd.

Ahoi, junge Piratenkapitäne! An der neuen Straßenbahnwende Diesdorf, inmitten der sattgrünen Niederung des Schrotetals und fernab aufgeregten Straßenverkehrs steht eine tolle Seefahrerstadt. Mehrere Türme des „Hafens" sind durch Brücken miteinander verbunden, davor liegt ein zum Auslaufen bereites Piratenschiff, das selbstverständlich über Masten, eine Kapitänsbrücke und ein echtes Steuerrad verfügt.

Am Neuber, MD-Diesdorf, ab 4 J.

10 Schellheimer Platz

Hier scheint sich an sonnigen Nachmittagen die halbe Stadt zu treffen. Die Spielanlage ist für alle Altersgruppen nutzbar und in verschiedene Bereiche aufgeteilt worden. Der Kleinkinderbereich ist mit kleinen Spielhäuschen, einer kleinen Kombination mit Turm, Schaukel und Rutsche und Federtier ausgestattet.

Schellheimer Platz, MD-Stadtfeld, 2-12 Jahre

11 „Tierpark" Reform

Willkommen auf dem tierischsten Spielplatz der Stadt - und der steht nicht im Zoo, wie man vermuten könnte. Am westlichen Rand des Wohngebietes Reform steht der „Tierpark". Ob Schlangenturm, der riesige Kletterelefant mit Rüsselrutsche oder der „affige" Viermastseilzirkus – alles ist lustig auf das Thema Zoo ausgerichtet. Dazu haben kleine Kinder einen tollen Wasserspielbereich!

Victor-Jara-Str., MD-Reform, 2-12 Jahre

12 Wasserspiele Schleinufer

Welch wunderhafte Wasser-Matscherei: Unterhalb der Strombrücke – zwischen Stromelbe und Schleinufer fliegen die Wasserfontänen, windet sich ein lustiger Bach in langen schneckenförmigen Windungen über das Pflaster und treibt dabei allerlei spannende Mechanismen an. Der Wasserspielplatz ist dabei für alle Altersgruppen – vom planschenden Kleinkind bis zum Skateboarder gleichermaßen anziehend.

Schleinufer, MD-Altstadt, ab 2 Jahre

HALT GEBEN – schön, wenn die großen Vorbilder am gleichen Steg anlegen wie Olympiasieger Mark Zabel und Nachwuchskanute Franz (7)

Sport treiben

Kinder lieben Bewegung. Herumtollen, auf Bäume klettern – alles, bloß nicht stillsitzen. Wenn sie das richtige Alter erreicht haben, sind Sportvereine genau die richtige Adresse. Dort müssen sie nicht gleich Olympiasieger werden wollen, um schnell ganz neue Herausforderungen zu erfahren und Beziehungen aufzubauen. Fast wie eine zweite Familie...

Kampfsport

Ganzheitliche Trainingsmethoden und die Faszination fernöstlicher Kulturen – kaum eine andere Körperertüchtigung ist so zur Grundlagenausbildung geeignet, wie asiatische Kampfkünste. Vergleichen sie die Systeme, denn so unterschiedlich wie die Charaktere von Kindern, so verschieden sind die Eigenarten der Kampfsportarten.

Aikido

Wenn Sie Ihrem Kind die Vorzüge japanischer Denk- und Handelsweise näherbringen und das Kräftemessen im Zweikampf ersparen möchten, so besuchen Sie ein Aikido-Training. Es handelt sich um eine japanische Kampfkunst, die ausschließlich defensiven Charakter besitzt. Ausbildungsinhalt ist nicht das Erlernen von Tritten, Schlägen u.s.w. sondern das Ausweichen, Begleiten und Verstärken der gegnerischen Angriffskraft zum eigenen Vorteil. Aikido erfordert ein tiefes Verständnis für die Physik des Körpers. Es fördert die Orientierungsfähigkeit im Raum und das Gleichgewichtsgefühl. Im Aikido wird Aggressionslosigkeit betont. Es finden keinerlei Wettkämpfe statt, so daß eine entspannte Übungsatmosphäre entstehen kann. Beeindruckend sind die körperliche und geistige Haltung sowie exzellente Fallschul-Techniken der Aikidoka. Das Training ist geprägt von dem japanisch rücksichtsvollen Umgang miteinander. Die Trainingsbekleidung besteht aus dem Aikido-Anzug mit Gürtel und leichten Schuhen.

Polizeisportverein PSV 1990, Berliner Chaussee 217-219, MD-Cracau, Tel: 543 95 78

Boxen

Boxen ist eine der ältesten Sportarten überhaupt und hat in Magdeburg eine große Tradition. Sicher ist es ein harter Sport, aber er ist sehr fair und weniger verletzungsanfällig als z. B. Fußball, Handball oder Turnen. Das liegt vor allem an den Schutzmaßnahmen wie Bandagen, Mund- und Kopfschutz. Kinder, egal ob Junge oder Mädchen, können sich ab 8 Jahren anmelden, der Schwerpunkt wird in diesem Altersbereich auf die Ausprägung der Koordination und der Bewegung gelegt. Boxen erfordert ein sehr komplexes Training, das auf Kraft, Ausdauer, Beweglichkeit und Schnelligkeit ausgerichtet ist. Kinder benötigen nur Sportsachen, Trainingsmittel wie Boxhandschuhe werden vom Verein gestellt. Boxen hat in Magdeburg eine große Tradition.

Fortuna Magdeburg, Schöppensteg 27, MD-Neustadt, Tel: 253 76 22
Punching MD von 1922 e.V., Am Kreuzberg 3, 39167 Irxleben, Tel: (039 204) 50 228

BOXEN: der 2002 wiedergegründete Punching Club trägt die große Tradition des Magdeburger Boxsports weiter und setzt vor allem im Nachwuchsbereich Impulse – hier Trainer Georg Bösel beim Tatzentraining mit dem 9-jährigen Marvin Bah

JUDO: Kleine Kämpfernaturen kommen mit Judo voll auf ihre Kosten. Der Zweikampf im Stand und auf dem Boden steht im Vordergrund, das Training verläuft demzufolge von Beginn an wettkampforientiert.

JU JITSU: Kinder ab 4 Jahren machen bei unspezifischen Grundlagenübungen im Jiu Jitsu Yawara Club in der Sporthalle Nachtweide die ersten Schritte zum Erlernen dieser japanischen Selbstverteidigungskunst.

Judo

Kleine Kämpfernaturen kommen mit Judo voll auf ihre Kosten. Der Zweikampf im Stand und auf dem Boden stehen im Vordergrund, das Training verläuft demzufolge von Beginn an wettkampforientiert. Aber keine Bedenken, Judo besitzt strenge Regeln, die das Verletzungsrisiko auf ein Minimum reduzieren, Schläge, Tritte und schmerzhafte Griffe sind im Judo nicht erlaubt. Gelehrt wird das kontrollierte Fallen, Kraft, Ausdauer und Schnelligkeit werden beim Judo ebenso entwickelt, wie die Fähigkeit, mit Niederlagen umzugehen und Aggressionen zu kanalisieren. Die ersten Schritte macht man in Krabbelgruppen mit 4 bis 6 Jahren. Zum Training wird ein Judoanzug mit Gürtel benötigt sowie leichte, saubere Schuhe.

KARATE: wer es wie Maximilian Schwaar vom KDVZ zum braunen Gürtel geschafft hat, ist bereits ein kleiner Meister seines Sports. Maximilian war bereits Zweiter bei der Deutschen Karate-Meisterschaften.

Universitätssportclub, Uni-Campus, MD-Alte Neustadt, Tel: 671 25 89
FSV 1895, Platz der Freundschaft, MD-Fermersleben, Tel: 404 20 63
Polizeisportverein 1990, Berliner Chaussee 217-219, MD-Cracau, Tel: 543 95 78

Ju Jitsu

Ju Jitsu ist die klassische japanische Kunst der Selbstverteidigung. Es ist kein Wettkampfsport, im Vordergrund steht das Studium von Techniken und Bewegungsabläufen sowie eine umfangreiche theoretische Wissensvermittlung. Ziel des Trainings ist die allmähliche Entwicklung koordinativer und konditioneller Fähigkeiten sowie die Herausbildung von Disziplin, Willenstärke und Konzentrationsfähigkeit. Anders als im Judo gehört zu den Techniken auch Schlagen, Treten und die Drucktechniken auf Vitalpunkte des Körpers. Vom ersten Tag an werden Schüler zum Respekt vor dem Trainer und ihrem Übungspartner erzogen. Das Training betont nicht die Aspekte der kämpferischen Auseinandersetzung und ist eher für Kinder geeignet, die Gefallen an der außerordentlichen Vielfalt der Techniken finden und den Ehrgeiz besitzen, sich ständig zu vervollkommnen. Man kann ab ca. 4 Jahre beginnen, benötigt wird ein Ju Jitsu Anzug mit Gürtel, der Beitrag – z.B. im Club Yawara – beträgt 10 € je Monat.

Budokan Magdeburg e.V., Am Hopfengarten 19, MD-Reform, Tel: 622 72 49
Jiu Jitsu Club Yawara, Nachtweide 67, MD-Neustadt, Tel: 252 60 55, www.yawara-ryu.de
Polizeisportverein 1990, Berliner Chaussee 217-219, MD-Cracau, Tel: 543 95 78

Karate

Karate ist die weltweit und in Magdeburg verbreitetste Kampfsportart, sie kann mit oder ohne Wettkampfbetrieb durchgeführt werden. Im Mittelpunkt des Trainings stehen Block-, Schlag-, Stoß- und Tritttechniken, die bis zur Perfektion geübt werden. Durch gezieltes Training entwickelt sich allmählich die Fähigkeit, Energie so stark zu bündeln, daß die eigenen Körperteile als Waffen eingesetzt werden können. Das Karate-Training bewirkt in erster Linie die Herausbildung von Willensstärke, Disziplin, Durchhaltevermögen und Konzentrationsfähigkeit. Wie bei allen asiatischen Kampfsportarten fördert es die Entfaltung einer selbstbewußten Persönlichkeit und ermöglicht eine intensive geistige Beziehung zum eigenen Körper. Zum Training benötigt man einen Karate-Anzug mit Gürtel. Vereine, wie der Budo-Karate-Club bieten ein vereinfachtes Grundlagen-Training für Karateschlümpfe von 3 bis 6 Jahren an.

Budo-Karate-Club, Tel: 541 45 45,
www.bkc-magdeburg.de
Budokan Magdeburg e.V., Tel: 622 72 49
Karate-Do-Verein Zanshin, Tel: 631 67 15
Kimuras Shukokai Karate, Tel: (039 203)
623 91 oder 0172-323 21 86
Okinawa-te Karate Do, Tel: 61 71 40
Goju Ryu Magdeburg, Tel: 50 17 91
Hatsuun Jindo Karate-Club, Tel: 631 04 09

Ringen

Ringen hat in Europa eine lange Tradition – schon in der Antike gab es diese vielseitige Kampfsportart. Ringer absolvieren von klein auf eine umfangreiche Ausbildung, um Ausdauer, Schnelligkeit und die Muskeln zu trainieren. Der Sport formt Disziplin, Kampfgeist und Durchsetzungsvermögen. Bei regelmäßigen Wettkämpfen kann jeder zeigen, was in ihm steckt. Angriffsfläche bei den Freistilringern ist dabei der ganze Körper. Ringen ist auch für Mädchen geeignet – in diesem Jahr war Frauenringen erstmals olympische Disziplin. Das beste Einstiegsalter liegt bei sechs bis sieben Jahren. Zum Start benötigt man lediglich kurzes Sportzeug und Turnschuhe.

Die Preußen im MSV 90, Tel: 621 49 27
KSV Galaxy Magdeburg e.V., Tel: 565 56 14
www.galaxy-magdeburg.de
Polizeisportverein PSV 1990, Tel: 543 95 78

Taekwondo

Diese Kampfkunst stammt aus Korea und erfreut sich weltweit großer Beliebtheit. Sie ist dem japanischen Karate ähnlich, wirkt jedoch dynamischer und betont die Ausbildung von zum Teil spektakulären Fußtechniken. Den natürlichen Bewegungsdrang kann Ihr Kind beim Üben von gesprungenen und gedrehten Tritttechniken sowie beim Training an Schlagpolstern voll ausleben. Gelehrt werden aber auch vorgeschriebene Bewegungsabläufe, der freie Kampf und Techniken der Selbstverteidigung. Taekwondo (übersetzt „Der Weg der Hände und Füße") wird meist als Wettkampfsport betrieben. Es fördert Schnelligkeit, Geschicklichkeit, Flexibilität und Dehnbarkeit. Das Training ist tief geprägt von asiatischer Denk- und

TAEKWONDO: bedeutet übersetzt „Der Weg der Hände und Füße". Die aus Korea stammende Kampfkunst ist dem japanischen Karate ähnlich, betont jedoch die Ausbildung spektakulärer Fußtechniken stärker

RINGEN: dieser olympische Sport geht bis auf die alten Griechen zurück. Mit Würfen, Klammern oder Hebeln soll der Gegner bezwungen werden. Da sind schon die ganz Kleinen, wie hier beim MSV 90, mit ganzem Einsatz dabei

WING TSUN: In der Magdeburger WT-Schule beginnen Kinder ab 6 Jahren mit einem kindgerechten Grundlagentraining. Mit 12-14 Jahren kann man auf Wunsch und mit Empfehlung der Trainer auch bei den Großen mittrainieren.

Handelsweise: Es erfordert Disziplin, Fleiß und Willen. Durch Ablegen von Prüfungen werden verschiedenfarbige Gürtel erworben. Zur Erstausstattung gehört ein Taekwondo-Anzug mit Gürtel.

Taekwondo-Gemeinschaft Magdeburg, Tel: (0174) 937 66 57

WingTsun

Das Wing-Tsun entstammt den chinesischen Kampfkünsten und wird heute als reines Selbstverteidigungssystem, nicht als Kampfsport geübt. Es eignet sich nur bedingt für die sportliche Erstausbildung von Kindern. In der Magdeburger WT-Schule beginnen deshalb Kinder ab 6 Jahren in Gruppen von 10 Kindern gemischten Alters und Geschlechts mit einem kindgerechten Grundlagentraining. Ab ca. 12 bis 14 Jahren können die Kinder auf Wunsch und mit Empfehlung der Trainer auch bei den Großen mittrainieren. Wing-Tsun zeichnet sich durch sparsame Bewegungen, bei absoluter Direktheit aus. Dafür sind hohe Konzentration sowie Kraft und hervorragende sensitive Fähigkeiten erforderlich. Geübt werden außerdem vorgeschriebene Bewegungsabläufe ohne Partner, die Kunst der „klebenden Hände" und der Freikampf. Zum Training trägt man eine schwarze Wing-Tsun-Hose und ein weißes T-Shirt mit speziellen Aufdrucken. Je nach Ausbildungsgrad verdunkelt sich die Farbe des T-Shirts.

WT Schule Eiskellerpassage, Halberstädter Straße 115, Tel: 0177-299 51 99, Di 18.00-19.00 Uhr, und Do 17.30-18.30 Uhr

WUSHU: nur wenige beherrschen die chinesische Wushu-Kunst ähnlich gut wie Meister Xiao Peng, Träger des 6. Dan. In seiner gemischten Trainingsgruppe für Anfänger beim Yawara Club üben jung und alt gemeinsam unter freiem Himmel

Wushu/Kun-Fu

Das chinesische Wushu, in Europa auch als Kun-Fu bezeichnet, ist geprägt von einer unglaublichen Fülle verschiedenster Techniken und Bewegungsabläufe mit und ohne Waffen. Gekennzeichnet ist das Wushu durch leicht und flink wirkende Bewegungen sowie Sprünge und andere akrobatische Elemente. Seine drei Säulen sind Demonstrationen und Shows, Wettkämpfe sowie der Freikampf. Kinder mit ausgeprägtem Bewegungsdrang sind hier genau richtig. Wushu vereint das Ausleben von Freude an der Bewegung mit der gleichzeitigen Ausbildung von Konzentrationsfähigkeit und innerer Ruhe. Zur sportlichen Grundlagenausbildung ist das Wushu hervorragend geeignet, denn es fördert Dehnbarkeit, Geschicklichkeit sowie Kraft, Ausdauer und Schnelligkeit gleichermaßen. Kinder können ab 4 Jahre beginnen, man benötigt keine spezielle Ausrüstung.

Anja Baron – Trainerin asiatische Kampfkünste, Rosenthalstr. 15, MD-Rothensee, Tel: 25 26 055, www.tai-chi-in-magdeburg.de

Mein Verein - der Weg zum Sport

Sie möchten, daß ihr Kind Sport treibt, in Bewegung ist, sich ganzheitlich und gesund entwickelt? Dann ist Sport im Verein ein guter, ein richtiger Weg. Bleibt noch: ab welchem Alter, welchen Sport mag das Kind, wieviel kostet das...?

„Vereine machen stark" heißt es auf den Plakaten des Deutschen Sportbundes. Neben dem körperertüchtigenden Aspekt ist damit vor allem die soziale Bindung einer Sportgruppe gemeint. Sport kommt nicht nur dem Bewegungsdrang von Kindern entgegen, er fördert die ganzheitliche geistige, körperliche und soziale Entwicklung. Im Sportverein sind Teamgeist und Toleranz großgeschrieben. Studien belegen: Kindern, die Sport treiben, fällt es leichter, sich zu konzentrieren, sie lernen sich im spielerischen Wettstreit zu behaupten und das schafft Selbstvertrauen. Ja – Vereine machen stark und das Sportangebot für Kinder war in Deutschland noch nie so vielfältig wie heute. Da klingt es wie ein Paradoxon: die heutige Kindergeneration hat wie keine andere mit Übergewicht, mit Herz-, Kreislauf- und Haltungsschäden bereits im Grundschulalter zu kämpfen! Ob das allein an den verlockenden Möglichkeiten der modernen Unterhaltungstechnik liegt, darüber sind sich die Gelehrten nicht recht einig.

Welche Sportart ist die richtige? Überlegen Sie: Was ist ihr Kind für ein Typ? Ist es lebhaft oder eher konzentriert? Ist es musisch veranlagt, liebt es Ballspiele? Ein schüchternes Kind ist in einem Mannschaftssport, in dem es sich behaupten muß, vielleicht nicht so gut aufgehoben, wie etwa beim Turnen. Versuchen Sie, über Fragen an ihr Kind herauszubekommen, worauf es Lust hat. Aber drängen sie es nicht, sich zu schnell festzulegen, denn Kinder experimentieren gerne, und begeistern sich für etwas, das sie bei Freunden oder im Fernsehen entdeckt haben. Auch der elterliche Zeitaufwand und die Kosten sind zu beachten. Ist es ein Sport, für den man teure Ausrüstung braucht? Dann leihen sie sich die vielleicht erstmal aus. Oder sie kaufen eine gebrauchte, preiswerte Ausstattung. Dann fällt es nicht so ins Gewicht, wenn der Sprößling schon nach wenigen Wochen plötzlich etwas ganz anderes will.

Bevor Sie sich für ein bestimmtes Angebot entscheiden, sollten Sie unbedingt an einem Probetraining teilnehmen und den Kontakt zum Trainer suchen. Denn nichts erfordert mehr pädagogisches und entwicklungsphysiologisches Wissen und Können, als fachgerechtes Kindertraining! Nur die Besten ihrer Disziplin sollten dafür in Frage kommen. Achten Sie darauf, daß der Trainer technisch gut ausgebildet und volljährig ist, sowie eine gültige Übungsleiter-Lizenz und Kenntnisse der Ersten Hilfe besitzt. Sollte dann das viel zitierte Strohfeuer bei Ihrem Kind zu erlöschen drohen, so unterscheiden Sie genau, ob es am schwindenden Interesse für den Sport liegt oder eher am Vermögen des Trainers bzw. der ausgewählten Sportart, die nicht zum Wesen des Kindes paßt.

Fragen zum Vereinssport beantwortet am besten der Stadtsportbund Magdeburg e.V., Wilhelm-Kobelt-Straße 35, Tel: 734 73 23

SPORT IM VEREIN: in der Gemeinschaft zu trainieren und Erlebnisse zu haben, Freuden und Leiden zu teilen, macht Kinder stark

SPORTWEGWEISER: Die beste Übersicht zum aktuellen Angebot der vielen Sportvereine in Magdeburg liefert der jährlich vom Sport- und Schulverwaltungsamt herausgegebene Sportwegweiser

BASKETBALL: beim USC Magdeburg trainieren Kinder- und Jugendteams aller Altersklassen. Wettkampf- und Trainingsstätte ist die „Kuscheltierhalle“ an der Virchowstraße

Ballsportarten

American Football

American Football ist ein robuster Ballsport von der anderen Seite des Atlantiks, ähnlich dem europäischen Rugby. Gespielt wird mit einem Ovalball, es geht um einzelne kurze Spielzüge, bei denen schnelle Pässe und weite Raumwürfe platziert werden. Eine Idealfigur für diesen Sport gibt es interessanterweise nicht: der schlanke Flügelflitzer fängt die Pässe und trägt ihn in die gegnerische Endzone (Touchdown), der spielintelligente, athletische Typ führt den Ball beim Angriff und in der Verteidigungsreihe stehen massige Spieler. Dank umfangreicher Schutzkleidung passieren kaum nennenswerte Verletzungen. Mit 7 bis 8 Jahren kann man in das Flagteam aufgenommen werden und erlernt Stück für Stück die recht umfangreichen Regeln des American Football. Neben Taktik und Spielverständnis geht es beim Training um ganzheitliche Athletik. Wichtigster Ansatz zum Gesundheitsschutz der Kinder: Bis zur Alterklasse 15 sind Tacklings, also das Stoppen des Gegners mit körperlichem Einsatz, nicht erlaubt. Stattdessen tragen die Spieler Bändchen am Körper, an denen gezupft wird. Monatlicher Beitrag 8 €.

AMERICAN FOOTBALL: ab 8 Jahren kann man im Flagteam der Virgin Guards mittrainieren. Beim Spiel werden die Tacklings körperlos gespielt. Die Spieler tragen grüne Bänder, an denen ersatzweise gezupft wird

Virgin Guards, American Football im MSV90 Salzmannstraße 34, MD-Sudenburg, Tel: 622 99 62 oder 0160-98 45 44 59 (Andrea Kunze), Trainingsgelände: Bodestraße 9

Badminton

Badminton – das ist Federballspiel unter Wettkampfbedingungen. Seine Vorläufer hat der Sport dabei in uralten Ballspielen der Inder, Inkas und Azteken. In Bummisportgruppen werden Kinder ab 5 bis 6 Jahre spielerisch an das Spiel herangeführt. Ab etwa 8 Jahren und meist einmal wöchentlich beginnt das Training. Weil es beim Spiel weniger auf Kraft und Athletik als auf Konzentration und Reaktionsvermögen ankommt, eignet sich Badminton gut für zurückhaltendere Kinder, die auf diese Weise einen ganz eigenen Weg zu Erfolgserlebnissen finden können.

Badminton-Sportverein, Hans-Grade-Straße 101, Tel: 722 55 72
Stahl Magdeburg Nord e.V., Tel: 543 97 55

Basketball

Nicht erst seit „German Wunderkind“ Dirk Nowitzki in der amerikanischen Profiliga NBA zum Topscorer wurde, hat Basketball in Deutschland einen Aufschwung erlebt. Vor dem Spiel in Vereinen steht für Kinder und Jugendliche zumeist Streetball, bei dem man schon im zwei-gegen-zwei auf einen Korb spielen kann. Die sind auf Schulhöfen und auf Freizeitflächen in den letzten Jahren nur so aus dem Boden geschossen. Basketball erfordert wegen der vielen Tempowechsel eine sehr gute Grundausdauer, dazu werden Ballgefühl und Taktik geschult. Hat sich das Kind für Basketball entschieden, sollten Eltern bei den Sportschuhen nicht sparen – es bleibt auch die größte Investition.

Universitätssportclub, Uni-Campus, MD-Alte Neustadt, Tel: 671 25 89
MSV 90, Bodestr 9, MD-Lemsdorf, Tel: 623800
SV Börde, Harsdorfer Str 47, Tel: 733 53 18

Fußball

Fußball ist die meistbetriebene Sportart in Deutschland und da macht auch das handballverrückte Magdeburg keine Ausnahme. Ab vier Jahren können angehende Fußballer in den Vereinen erste Versuche machen. Fußball schult die Ausdauer, die Schnelligkeit, die Koordination und nicht zuletzt den Teamgeist. Die Vereine mit eigener Nachwuchsarbeit in Magdeburg sind zahlreich, deshalb kann die Auswahl für den Anfang getrost nach der Nähe zum Wohnort getroffen werden. Nicht vergessen: Auch für Mädchen stehen mittlerweile Möglichkeiten offen, in den Vereinen mitzuspielen. Was den Traum einer Berufsfußballer-Karriere betrifft: der 1. FC Magdeburg und das Leistungszentrum haben dazu in den letzten Jahren die eigenen Sichtungsaktivitäten wieder verstärkt, es lohnt sich also auch dort anzuklopfen.

große Vereine mit Jugendarbeit sind u.a.:
1. FC Magdeburg, Tel: 8112034 o. 8113099
MSV Börde, Tel: 733 53 18
MSV Preussen, Tel: 621 49 27
FSV Fortuna, Tel: (039206) 521 46
PSV Magdeburg, Tel: 543 94 78

Fußball-Torwartschule

In den Achtzigern stand er zwischen den Pfosten der Blau-Weißen, heute trainiert Dirk Heyne die erste Mannschaft des 1. FC Magdeburg. Als zweites Standbein betreibt er eine private Torwartschule, in der er sein Wissen an den ambitionierten Nachwuchs vermittelt. Dafür greifen Väter und Sponsoren gern etwas tiefer in die Tasche.

Torwartschule, Tel: 0171-831 66 91

FUSSBALL: Wie die Großen versuchen Pascal Schumacher und Maximilian Scheffler vom PSV beim Bambiniturnier Kevin Weigelt von SSV Blau-Weiß Biere den Ball abzujagen

Handball

Magdeburg ist eine echte Handball-Hochburg und so besessen vom Spiel, wie es das nur noch im hohen Norden vergleichbar gibt. Bei keiner anderen Sportart wird der Magdeburger Jugend auch so direkt vorgelebt, wie aus dem Spiel ein ernsthafter Beruf werden kann. Namen wie Henning Fritz, Harry Jahns, Bennet Wiegert oder Christian Schöne belegen, wie aus einem Machedeburjer Jung ein Bundesliga- oder gar Nationalspieler werden kann. Der SC Magdeburg

TORWARTSCHULE: Der langjährige FCM-Torwart und aktuelle Trainer des Club, Dirk Heyne, betreibt auch eine eigene Torwartschule, in der der Nachwuchs auf privater Basis mit einer speziellen Taktik- und Athletikausbildung geschult wird

RASENHANDBALL: während der Profihandball für Frauen beim SCM auf dem Abstellgleis steht, hat die Jugend Spaß am Sport wie hier Lydia Faust von Post Mitte, die sich gegen Cathi Pabst (li.) und Juliane Eschmann von TuS II durchsetzt

hat dazu ein ausgefeiltes System der Nachwuchssichtung und Förderung bis hin zum integrierten Sportgymnasium aufgebaut. Kinder bis 8 Jahre spielen zumeist Minihandball auf verkleinerten Feld. Spaß am Sport, das freie Spiel und das Erkämpfen des Balles stehen im Vordergrund. Die einfachen Spielsituationen sind für die Kinder leichter zu überblicken und das Zusammenspiel fällt leichter.

Aufbau Börde, Fichtestr. 29a, Tel: 636 64 99
BSV 93 Olvenstedt, J.-Göderitz-Straße 32,
MD-Olvenstedt, Tel: 72 60 93 00
FSV 1895, Platz d. Freundschaft, Tel: 404 2063
HSC 2000, Gareisstraße 14, Tel: 535 36 43
SC Magdeburg, Tel: 81 98 0

Hockey

Das schnelle Mannschaftsspiel mit Schlägern und einem kleinen Ball, hat in Magdeburg nicht gerade seine Hochburg. Dabei hält der MSV Börde eine 50 Jahre zurückgehende Tradition in diesem Sport hoch. Seit 1992 wird am Harsdorfer Platz wieder intensiv trainiert und Duelle in der Oberliga ausgespielt. Mit 6-7 Jahren kann man im Nachwuchs mitmachen. Neben individueller Schnelligkeit und Geschicklichkeit kommt es wie bei allen Mannschaftssportarten auf das taktische Zusammenspiel an.

Magdeburger Sportverein „Börde" 1949,
Harsdorfer Straße 47, Tel: 733 53 18

Tennis

Kaum einer, der bei Tennis nicht gleich an die große Karriere denkt. Ehrgeizige Eltern treiben ihre Sprößlinge dafür gern mal mit 5 Jahren zum Training. Aber der Weg zum Profitennis bleibt nur einzelnen vorbehalten. Zu empfehlen ist der Sport frühestens ab acht und dann ist spielerisches Training wichtig, denn Überbelastung kann schnell zu Schäden führen. Ansonsten trainiert Tennis Koordination und die Gelenkigkeit, sowie die Kondition durchs Laufen.

Tennisclub Life Herrenkrug, Tel: 60 78 10
TC Salzmannstraße, Tel: 62 54 70

TISCHTENNIS: das ist der Stadtmeister TTC-Handwerk, Schüler, in der Saison 2000/ 2001. Eike Brune, Tobias Wollschlaeger, Julien Fuchs, Erik Werner und Florian Geier schafften das, ohne eine einzige Niederlage zu kassieren

Tischtennis

Ballsport ist zumeist Mannschaftsspiel. Das schnelle Spiel mit Schläger und Zelluloidball wird dagegen nur von zwei Personen gespielt. Früher nannte man Tischtennis Ping Pong, weil das Aufspringen des Balls diesen Klang erzeugte. Erst seit 1988 in Seoul gehört Tischtennis zum olympischen Programm und wird dort von (zumeist kleinen und schmächtigen) Asiaten dominiert. Um Tischtennis zu spielen muß man also kein Kraftpaket und kein Riese sein – eher das Gegenteil. Trainiert werden Hand-Auge-Koordination und Ballgefühl. Hinzu kommt eine Athletik, die auf schnelle Reaktionen und Motorik ausgerichtet ist. Zahlenmäßig gehört Tischtennis zu den sehr beliebten Sportarten in Magdeburg, Den Einstieg kann man bereits mit 5 bis 6 Jahren machen, man braucht keine spezielle Kleidung der Verein stellt Platten und Schläger.

TTC Börde, Stieglitzweg 1, Tel: 401 50 40
PSV, Spielhagenstraße, Tel: 731 51 25
SV Lok-Südost, Kirschweg 60, Tel: 401 39 96
FSV 1895, Platz d. Freundschaft, Tel: 404 2063
HSV Medizin Magdeburg, Tel: 621 34 49
MSV 1978, Morgenstraße 21, Tel: 244 88 37
Aufbau Elbe Magdeburg, Tel: 731 83 42

Volleyball

Eines der fairsten Mannschaftsspiele, in der es bei keiner Spielsituation zum direkten Kontakt mit dem Gegner kommt. Trainiert werden vor allem Schnelligkeit, Reaktion, Koordination und hauptsächlich das Gefühl zum Ball. Ob groß oder klein – für Volleyball bedarf es keiner vorgegebenen Körpergröße. Volleyball kann schon mit 5-6 Jahren gespielt werden. In diesem Alter wird noch nicht am Spielbetrieb teilgenommen, sondern durch Ballspiele das Gefühl hergestellt. Im Alter von 7-8 Jahren spielen kleine Volleyballer in der untersten Liga, der G-Jugend.

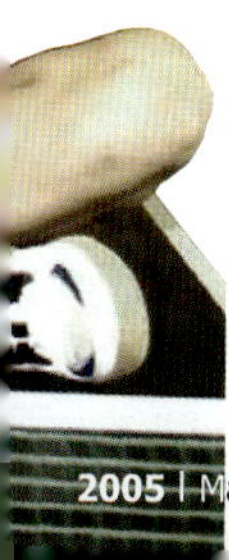

MLV Einheit, Tel: 25 81 22 0
USC Magdeburg, Tel: 6712589
WSG Reform, Tel:
BSV 93 Olvenstedt, Göderitz-Str. 32, Tel: 72 60 93 00
FSV 1895, MD-Fermersleben, Tel: 404 20 63
HSV Medizin, Tel: 621 34 49

WASSERBALL: das ist sicherlich kein Sport für Zimperliche, aber Kinder lernen, sich zu behaupten. Mit 12 Jahren (Jugend E) nimmt man frühestens am Wettkampfbetrieb teil. Hier liefern sich Martin Hasse vom SCM (blaue Kappe) ein Schwimmduell mit dem Laatzener Jan Lippel

Wasserball

Die Wasserballer des SC Magdeburg haben in der Vergangenheit große Erfolge gefeiert, wurden x-fach DDR-Meister und konnten sich auch im Gesamtdeutschland behaupten. Basis aller Erfolge ist die Nachwuchsarbeit der Sektion. Mit 6 bis 7 Jahren kann man Mädchen wie Jungen anmelden, selbst wenn sie noch nicht schwimmen können. Bei der Grundlagenausbildung stehen Fang- und Wurfübungen, Spieltaktik und immer wieder Schwimmen auf dem Programm. Ab Jugend E (12 Jahre, bei entsprechenden Fähigkeiten auch jünger) nimmt man am Spielbetrieb teil. Obwohl Wasserball an sich ein harter Sport ist, und den ganzen Mann bzw die ganze Frau fordert, ist er doch ausgesprochen verletzungsarm. Wer für den Kampf im und unter Wasser bereit sein will, erlernt hier Durchsetzungsvermögen, bekommt gute Athletik und taktische Fähigkeiten.

SCM, Sektion Wasserball, Dynamohalle Diesdorfer Straße, Herr Zein, Tel: 744 79 26

sonstige Sportarten

Gymnastik/Turnen

Obwohl Turnen bei den meisten Kids als nicht besonders „hip“ gilt, ist es doch ein ausgesprochen ganzheitlicher Sport, der ausgezeichnet

KANURENNSPORT: Jedesmal das gleiche Ritual. Wenn die Nachwuchskanuten vom WSV Buckau-Fermersleben nach der Trainingseinheit auf der Elbe ihre Rennkajaks aus dem Wasser gehoben haben, beginnt die kleine Putzstunde.

Körpergefühl und Koordinations- und Konzentrationsfähigkeiten ausprägt. Anfangen können Kinder ab vier Jahren. Anfangs spielerisch, werden im Training die Grundfertigkeiten erarbeitet, auf die Geräte geht es erst ein gutes Stück später.

FSV 1895, MD-Fermersleben, Tel: 404 20 63
MSV 90, Bodestr 9, MD-Lemsdorf, Tel: 623800

Kanu-Wildwasser

Wildwasserkanuten im Magdeburger Flachland? Natürlich, und das seit 1920. Der Kanuklub Falke in Cracau ist mit 50 Mitgliedern, davon 25 Kinder und Jugendliche zwar recht klein, aber in Deutschland einer der erfolgreichsten im Nachwuchsbereich. Beim Wildwasserkanu kommt es auf Kraft, Präzision und Reaktionsvermögen an. Anmelden kann man sich mit 6 bis 8 Jahren, eine Schwimmstufe und keine Angst vor dem Wasser sind Voraussetzung. Anfangs wird ein bis zweimal trainiert, in der Leistungsgruppe (möglich ab 12 Jahren) dann durchaus täglich. ‚Kanuten werden im Winter gemacht' heißt eine alte Binsenweisheit, also zu dieser Zeit viel Kraft- und Ausdauertraining. Dazu Kenterrollen-Übungen in der Elbeschwimmhalle. Ab Frühjahr wird die Technik auf der vereinseigenen „Ruhigstrecke" an der Alten Elbe erlernt und optimiert, ehe der Verein im Sommer zu den Wildwasserstrecken in Königshütte, Augsburg, Bratislava oder Prag auf Tour ist.

KANU WILDWASSER: an tosenden Gebirgsbächen mangelt es in Magdeburg. Die Wildwasserkanuten vom Kanuklub Falke trainieren stattdessen ihre Technik im „Trockenen" – auf ihrer Ruhigstrecke an der Alten Elbe

Kanuclub Falke, Seestraße 27, MD-Cracau, Tel: 811 39 99, 4 Euro monatlich

Kanurennsport

Magdeburg hat am Wasser gebaut, da liegt es nahe, auch den Sport darauf zu betreiben. Besonders im Kanurennsport hat die Stadt dabei eine große Tradition. Neben aktuellen Olympioniken sind Namen wie Leue oder Duvigneau seit mehr als 30 Jahren erfolgreich mit dem Sport verbunden. Den Anfang kann man mit ca. 7 bis 8 Jahren machen, eine Schwimmstufe ist Voraussetzung. Bei welchem der Traditionsvereine man sein Kind einschreibt, hängt schlichtweg davon ab, auf welcher Elbseite man wohnt. Reizvoll ist das Training sicherlich beim Sportclub auf dem Werder. Dort stehen die Jüngsten zusammen mit den Olympioniken auf dem Steg und das motiviert. Trainiert wird zwei bis dreimal pro Woche, meist auf der Elbe (Kinder tragen Schwimmwesten). Im Winter ist viel Krafttraining und Kondition angesetzt, im Sommer fahren die Vereine mehrfach übers Wochenende zu Regatten ins Umland.

SCM, Kleiner Werder, Tel: 541 07 79
ESV Lokomotive, Seilerweg 9, MD-Rotehorn, Tel: 543 30 17
Kanu-Klub Börde, Seestraße 26, MD-Cracau, Tel: 85 77 86
Wassersportverein Buckau-Fermersleben, Elbweg 3 (Sporthafen), Tel: 404 86 48

Leichtathletik

Leichtathletik, das bedeutet Laufen, Springen und Werfen. Das empfohlene Einstiegsalter liegt für Jungen wie Mädchen bei fünf bis sechs Jahren. Anfangs bildet das Laufen den Schwerpunkt, bei dem Muskulatur und Ausdauer Schritt für Schritt aufgebaut werden. Erst später entscheidet sich, auf welche Disziplin sich ein Kind spezialisiert. Das Kinder-Training ist dadurch bisweilen recht eintönig, aber der Sport ist für aktive Kinder, die viel „Auslauf im Freien" mögen, zu empfehlen, da er Gesundheit und Leistungsfähigkeit nachhaltig stärkt.

Fermersleber SV, Platz der Freundschaft, MD-Fermersleben, Tel. 4042063,
MSV 90 e.V., Bodestraße 9, MD-Lemsdorf, Tel. 62380-0
SC Magdeburg, Grubestadion, MD-Cracau, Tel. 8198150

Motorsport

Der 1.Rennring-Club Magdeburg e.V. wurde 1996 gegründet widmet sich besonders dem Kinder- und Jugendsport im Bereich Kart-Slalom. Die Fähigkeiten zum fehlerfreien Fahren, lernen und trainieren die Kinder wöchentlich und können dies in einzelnen Meisterschaftsläufen unter Beweis stellen. Das Vereinsgelände liegt an der Kobeltstraße etwas versteckt hinter der Hermann-Gieseler-Halle.

Rennring-Club, Wespenstieg 19, MD-Hopfengarten, Tel: 0170-213 43 85, Training Di und Do 17-19 Uhr und Sa 14-16 Uhr

MOTORSPORT: mit dem Kartsport fängt alles an, für heutige Topasse wie Michael Schumacher oder hoffnungsvolle Nachwuchsfahrer. Ob man das ganze dann professionalisieren sollte, hängt neben dem Talent auch von Sponsoren ab (siehe Wissensbox S. 89)

Radsport

Dem Erstkontakt auf dem Roller folgt das erste 20er, bis die Stützräder fallen. Bei den meisten bleibt das Rad zeitlebens ein Freizeitspaß, kein Sportgerät. Und das ist auch gut so, denn der Radrennsport ist ein harter, trainingsintensiver Ausdauersport, der dazu sehr einseitig auf die Beine fixiert ist. Für den Schritt zu einem Verein sollte man sich deshalb ein Stück Zeit lassen und mit einem ganzheitlichen Sport wie Schwimmen oder Turnen dem Körper Entwicklungszeit geben. Um ein guter Straßenradfahrer zu werden, reicht es, mit 10 bis 12 Jahren bei einem Verein anzuklopfen. Für eine Erstausrüstung mit Rennrad, Anzug und Schuhen muß man 1000 €

LEICHTATHLETIK: ob Kinder Spaß an der Leichtathletik und am Laufen haben, kann man ausgezeichnet bei einem Kinderschnupperrennen wie hier beim traditionsreichen Hopfengartenlauf ausprobieren

REITSPORT: es ist eine weitverbreitete Mär, daß Reiten ein ausschließlicher Sport der Wohlhabenden ist. Die höheren Kosten mögen zutreffen, wenn man sich irgendwann ein eigenes Pferd zulegt, für den Anfang bieten manche Vereine Schulpferde an

einkalkulieren, darüber lebt der Nachwuchsbereich vom Engagement der Eltern, heißt, so manches Wochenende fahren sie die Sprößlinge zu Rennen ins erweiterte Umland.

MSV 90, Bodestraße, Tel: 623 800
Post Magdeburg, 731 51 25

Reitsport

Daß Reiten ein Sport für Gutbetuchte ist, stimmt so nicht. Erst wenn Sie ein eigenes Pferd kaufen, kosten Stellplatz und Unterhalt mehr Geld als üblich. Allerdings verfügen nur zwei der neun Pferdesportvereine in und um Magdeburg über Schulpferde (bei allen anderen bringt man das Pferd sozusagen mit). Anfangen kann man mit 6 bis 8, ab etwa 12 Jahren ist Turniersport möglich.

Reitclub Herrenkrug, Tel: 0172-324 34 74
RSF „Ehlegrund" e.V., Tel: 0172-311 24 52

Rudersport

Magdeburg ist eine ausgesprochene Ruderhochburg mit zahlreichen Topathleten. An die Weltspitze sollte man beim ersten Einstieg in ein Boot aber nicht denken, denn der Sport ist auch ohne Ausrichtung auf Spitzenleistungen anstrengend und trainingsintensiv. Die ersten Ruderschläge kann man frühestens mit 11 bis 12 Jahren machen, wer gut ist landet irgendwann im Leistungszentrum des Sportclubs. Der softere, auf Familienerlebnis und Naturverbundenheit setzende Weg ist dagegen das Wanderrudern, wie es etwa der Magdeburger Ruder-Club betreibt.

Magdeburger Ruder-Club, Tel: 250 23 58
Rudervereinigung Alt Werder MD 1887, Etgersleber Weg 25, Tel: 731 92 68

Schwimmsport

Kein anderer Sport ist so gut für die ganzkörperliche Ertüchtigung geeignet und gleichzeitig so schonend für den Bewegungsapparat wie das Schwimmen. Um schnell zu schwimmen, kommt es weniger auf Kraft als auf ausgefeilte Technik an, aber auch dafür muß man viel trainieren. Beginnen kann man mit 4 bis 5 Jahren, man erlernt die Technik in den vier Schwimmdisziplinen, erst später spezialisiert man sich. Regelmäßig stattfindende Wettkämpfe sind dann auch das Salz in der (Trainings)Suppe.

HSV Medizin Magdeburg, Tel: 621 34 49
Schwimmsportclub Hellas, Tel: 288 62 83
SV Olvenstedt, Tel: 631 21 15

SCHWIMMSPORT: die Heimstatt des Magdeburger Schwimmsports ist die Elbeschwimmhalle. Hier trainiert der Nachwuchs und Topathleten wie Antje Buschschulte direkt nebeneinander – bei Wettkämpfen wie diesem ist das nicht anders

Sportkarriere: Motorsport

Kleine Jungen träumen von Michael Schumacher, der sich vom Kart-Piloten zum Formel 1-Weltmeister hochgearbeitet hat. Tatsächlich ist der Kartsport idealer Einstieg in eine mögliche Motorsport-Karriere

Das Fahren mit Leihkarts auf der Bahn ist der Anfang aller Bemühungen um den Motorsport. Ab einer Körpergröße von 140cm (ohne Altersbeschränkung) sind erste Fahrversuche möglich. Ein zweiter Schritt könnte dann ein Kartclub oder Verein sein. Dort wird in den Anfangsjahren Slalomrennen gefahren. Es geht mehr um Geschicklichkeit und Fahrzeugbeherrschung: mit Kegeln abgesteckte Kurse müssen möglichst schnell umkurvt werden. Trainiert wird ein bis zweimal in der Woche. Teilnahmen an Landesmeisterschaften und Deutschen Meisterschaften sind möglich. Weil man kein eigenes Kart braucht und nur einen monatlichen Vereinsbeitrag zahlt, ist diese Art des Kartsports sehr beliebt und Eltern können gut erkennen, wie ernst es der Sprössling meint.

Für Fortgeschrittene, aber natürlich auch für Bambinis (Kinder ab 8 Jahre), kommt der Rundstreckenkartsport in einem Rennteam (in Magdeburg Schumacher Motorsport) in Frage. Dort bedient man sein eigenes Kart, für das man auch selbst verantwortlich ist. Es wird in Abhängigkeit vom Alter und Erfolg eine Fahrerlaubnis (Lizenz) notwendig. Die Fahrstrecken sind in der Regel Kartrennstrecken im Freien. Dieser „eigentliche Kartsport" wird regional, national und international durchgeführt. Logischerweise steigen die Ansprüche enorm an und es müssen zunehmend sportliche Qualifikationen erbracht werden. Im Gegensatz zum Regionalsport sind nationale Meisterschaften kaum noch bezahlbar und internationale unbezahlbar, d.h. entweder ein Sponsor ist an Bord oder Omas Sparbuch ist in Gefahr. Schafft man es, sich erfolgreich in Szene zu setzen, ebnet sich auch eventuell der Weg in den bezahlten Motorsport und der muss nicht zwangsläufig Formel 1 heißen. Daß sich auch junge Kart-Talente aus Sachsen-Anhalt immer wieder in die Siegerlisten eintragen, haben die letzten Jahre eindrucksvoll gezeigt. In der Internationalen Deutschen Kart Meisterschaft (höchstes deutsches Prädikat) feierte etwa der Magdeburger Sascha Busse in 2003 zahlreiche Erfolge und den 4. Platz in der Gesamtwertung.

KURVEN FAHREN: schnell durch die engen Kurven zu kommen, das ist das entscheidende Erfolgsrezept beim Kartsport. Deshalb werden Wettbewerbe nicht nur als Rennen gegeneinander, sondern auch als Einzelzeitprüfungen auf dem Slalomkurs gefahren

Vereinssport Magdeburg: 1. Rennring Club Magdeburg e.V., MC SAM e.V.
Auf dem Gelände des Motoparks Oschersleben: RSG Oschersleben e.V. und MSC Oschersleben e.V.

Ein Rennsportteam mit Kinderfahrschule ist Schumacher Motorsport, Otto Lilienthal Str. 4a, MD-Flugplatz: Tel: 6 62 59 83, www.schumachermotorsport.de

KLEINE SIEGER: nicht zu unterdrückende Freudentränen und das Gefühl, einen Pokal in den Händen zu halten – dieses Gefühl ist bei allen Rennfahrern gleich, egal ob sie den Großen Preis von Monaco oder ein Jugendrennen auf dem Kartring in Oschersleben gewonnen haben

AMERICAN FOOTBALL: Offence gegen Defence, Raumgewinne und den Ball mit schnellen Spielzügen zum Touchdown in die gegnerische Endzone tragen

Sport live erleben

Virgin Guards

Die Virgin Guards – zu deutsch Jungfrauenwächter – sind das Magdeburger American Football Team. Ihre Heimspiele in der Regionalliga tragen sie im Sudenburger Heinrich-Germer-Stadion aus. Dann ist richtig Stimmung, denn das Spiel lebt von kurzen schnellen Spielzügen und dazu sind die Guards auch noch erfolgreich. Einzig das Regelwerk um Raumgewinne ist komplizierter als etwa beim klassischen Fußball, aber unter den zahlreichen Besuchern findet man immer jemanden, der einem die wichtigen Regeln und aktuellen Entscheidungen auf dem Feld erklärt. Typisch amerikanisch läuft auch abseits des Spielfeldes viel Show, so daß trotz den immer wieder auftretenden Spielpausen keine Langeweile aufkommt. Die Football-Saison geht von Mai bis zum Herbst. Aktuelle Spieltermine werden in der Presse und im Internet benannt.

Spiele im Heinrich-Germer-Stadion, Salzmannstr. 34, MD-Sudenburg, Tel: 622 99 62 Spielplan unter: www.virgin-guards.info

HANDBALL: wenn der SC Magdeburg in der Bördelandhalle aufläuft, ist spannender Sport garantiert. Nach dem Kampf geben sich die Stars auf dem Parkett publikumsnah und verteilen Autogramme

BBC Eagles

Basketball, die NBA, Dirk Nowitzki sind mega-in – vor allem bei der jungen Generation. Um ein Basketballspiel live zu erleben, reicht aber der kurze Weg ums Eck, denn das Magdeburger Team BBC Eagles mischt in der Regionalliga kräftig mit. Die Mannschaft hat auch einzelne Ausländer in ihren Reihen und trägt ihre Heimspiele in der engen Hermann-Gieseler-Halle aus. Bei einem Schnitt von gut 500 Besuchern pro Spiel ist immer gute Stimmung, dazu ist die Mannschaft recht heimstark. Weil Namen- und Konzeptwechsel die Geschichte des Clubs begleiten, paßt es, daß zum Herbst sich bereits der nächste andeutet. Also nicht verwirren lassen.

Spiele des BBC: H.-Gieseler-Halle, Wilhelm-Kobelt-Str, MD-Stadtfeld, Tel: 631 02 90, Erw. 5 €, Kinder 3 €, Familie (2E+2K) 11 €, www.bbc-magdeburg.de

SCM Gladiators

Ob man sich für Handball wirklich interessiert oder nicht: einmal muß man die grandiose Atmosphäre der Bördelandhalle bei den Heimspielen des SC Magdeburg erlebt haben. Wenn 8.000 Zuschauer ihre Mannschaft antreiben und die Halle zum Hexenkessel werden lassen, reißt es auch den letzten auf den Rängen mit. Schön dazu: nach dem Spielende stürmen junge und alte Fans das Feld und holen sich von ihren Stars wie Stefan Kretzschmar, Johannes Bitter oder dem Franzosen Joel Abati Autogramme. Spielsaison ist von September bis Mai.
Wichtige Grundregel bei Kartenkauf: insbesondere die vergünstigten Schüler-Stehplätze werden nur direkt vor dem Spiel an der Halle verkauft,

das gilt auch für die scheinbar hoffnungslos überbuchten Topspiele. Wer Mitglied eines Schülerfanclubs ist, zahlt gar nur 2,50 € pro Karte. Für Sitzplätze gibt es hingegen keinerlei Ermäßigungen. Wem die Eintrittspreise dennoch zu viel sind, kann auch ein Spiel des SCM 2, dem offiziellen Nachwuchsteam des Clubs, in der Hermann-Gieseler-Halle erleben. Dort kommen zwar weniger Zuschauer, durch die Enge der Halle ist die Stimmung aber nicht viel schlechter.

Spiele des SCM: Bördelandhalle, Berliner Chaussee, MD-Cracau, Tickets: 0180-599 54 54 oder 59 34 284, www.scm-gladiators.de, Stehplatz Erw. 10 €, Stehplatz Schüler 6 €, Kinder bis 6 Jahre frei
Spiele des SCM 2: H.-Gieseler-Halle, W.-Kobelt-Straße, MD-Stadtfeld, www.scm2.de

1. FC Magdeburg

Daß Magdeburg eine der wenigen deutschen Städte ist, bei der ein Fußballeuropapokal im Vereinsschrank steht, daran mag man heute kaum glauben. Die Blau-Weißen spielen zwar nur noch in der 4. Liga, mit durchschnittlich 2.000 Besuchern und alten Oberliga-Gegnern wie Jena, Leipzig oder Hallescher FC sind die Spiele aber durchaus erlebenswert. In den letzten Jahren hat man einige Anstrengungen unternommen, die Heimspiele familienfreundlicher zu gestalten und wieder mehr Väter mit ihren Söhnen ins Stadion zu locken. Dazu hat der Club eine sehr junge Mannschaft, an deren Spielern wie Fait-Florian Banser oder Tobias Kurbjuweit sich die nachrückende Generation bereits orientieren kann. Und natürlich schauen alle voraus, wenn ab der Saison 2006/07 im neuerrichteten Stadion gespielt wird.

Spiele bis Mitte 2006 im Heinrich-Germer-Stadion, Salzmannstraße, MD-Sudenburg, Tel: 633 40 00, Karten: Erw. 6 €, Kind 5 €, Familienkarte (2E+2K) 16 €

Zweiradzentrum Kreuzgrund

Kaum zu glauben, aber doch wahr: Magdeburg hat eine Motocross-Rennstrecke. Die liegt am Rande von Diesdorf im sogenannten Kreuzgrund. Der Parcour entstand erst in den letzten Jahren aus einer alten Übungsstrecke, deshalb ist die Infrastruktur für Besucher noch etwas provisorisch. Viele Rennen finden zwar noch nicht statt, aber an den Wochenenden wird vom hauseigenen MC Motor Mitte durchaus trainiert. Wem das nicht reicht, findet im 60 Kilometer-Umkreis von Magdeburg weitere Strecken. Die jeweiligen Renntage und die dann ausgefahrenen Klassen stehen auf der Website des Verbandes www.lmsv.de.

Kreuzgrund, MD-Diesdorf, Tel: 258 04 26, Termine auf www.lmsv.de, Sa Training bis 18 Uhr

PFERDERENNSPORT: Magdeburg hat eine der ältesten und zugleich schönsten Galopprennbahnen Deutschlands. Gerade weil die Renntage seltener geworden sind, lohnt es sich, diese für einen Besuch im Kalender vorzumerken

Galopprennbahn Herrenkrug

Magdeburg hat mit dem Herrenkrug eine der ältesten und zugleich schönsten Galopprennbahnen Deutschlands. In der Saison, die von Frühjahr bis Herbst geht, werden wieder 7 bis 8 Renntage veranstaltet. Die sind für groß und klein ein unvergeßliches Erlebnis: nach einem der atemberaubend schnellen Zieleinläufe werden die schnaubenden, dampfenden Rennpferde ganz eng am Publikum vorbei auf den Sattelpatz zurückgeführt. Wer will kann sich beim nächsten Rennen sein Lieblingstier ausgucken und eine kleine Wette plazieren. Die Bahn kann man mit Straßenbahn, Fahrrad und Auto gleichermaßen gut erreichen.

An den Rennwiesen 4, MD-Herrenkrug, Tel: 811 27 80, Eintrittspreise: Sattelplatz 3 €, ermäßigt 1,50 €, Tribüne 4 €, ermäßigt. 2 €

RENNRING MAGDEBURG: mit knatternden, 6 PS starken Zweitaktmotoren und einfach zu fahrenden Fliehkraftkupplungen düsen Nachwuchs-Schumis auf dem Rennring durch die Kurven

sportliche Familie

Rennring Magdeburg

Eine alte Halle des früheren Armaturenwerkes in Buckau ist seit Jahren das Mekka der Rennsportfreunde. Auf der gut 500 Meter langen Indoor-Bahn zischen die Go-Karts durch die engen Kurven. Da wird jeder einmal zum Hobby-Rennfahrer. Die 6 PS starken Anfängerkarts können auf den Geraden erstaunlich schnell werden, mehr Spaß machen allerdings die gekonnten Drifts durch die Kurven. Nach 15 Minuten Fahrt am Limit hat man dann garantiert auch gut geschwitzt, denn Rennsport ist anstrengender, als es aussieht. Und auf dem Rennprotokoll wird jede einzelne Runde gezeitet und ausgewertet. Eine richtige Altersgrenze für Jungpiloten gibt es nicht, Kinder müssen mindestens 1,35 Meter groß sein und starten meist im PS-schwächeren Bambini-Kart.

Schönebecker Str. 82-84, MD-Buckau, Tel: 4 02 02 09, Mo-Fr 15-22 Uhr, Sa 12-24 Uhr, So 12-21 Uhr, Erw. 15 min/10,50 € Kinder (ab 1,35m) 15 min/8 €; 20 min/10,50 €
SWM-Card

Kartbahn Oschersleben

Die „große" Rennpiste im Motopark Oschersleben hat noch einen Ableger: die 1.018 Meter lange, mit Zeitnahme ausgerüstete Freiluft-Kartbahn. Während der Saison, April-Oktober, ist die Bahn täglich von 10-18 Uhr für Leihkarts geöffnet. Die Karts haben gut 9 PS und werden entsprechend schneller, dafür sollten die Kinder mindestens 1,50m groß sein und zehn Jahre alt. An Veranstaltungstagen kann es zu Einschränkungen kommen, die man besser vorab telefonisch erfragt.

Motopark Allee 20-22, 39387 Oschersleben, Anfrage unter Tel: (039 49) 920 503
über Wanzleben - 28 km - 10 Jahre

Wasserski Neustädter See

Ein Stahlseil und fünf Maste sind die Grundbausteine für die 900 Meter lange stationäre Wasserskianlage am Neustädter See, die auf umweltfreundliche Weise Funsport möglich macht. Die Liftanlage wurde 1992 erbaut und kann bis zu 18 Personen bei einer Geschwindigkeit ab 25 km/h gleichzeitig

MINIGOLF LERCHENWUHNE: daß die 18 tollen Bahnen hier Bundesliga-Standard haben, dürfte Kindern egal sein. Sie sind auch so von den phantasievollen Hindernissen auf den Bahnen fasziniert.

über den See ziehen. Das schwierigste ist der Start, danach ist Fahrspaß angesagt und wer „baden geht", wird vom Motorboot eingesammelt.

Wasserskianlage, Barleber Straße, MD-Nord, Erw. 3 Runden/5 € 1h/10 €, Kinder bis 16: 3 Runden/4 € 1h/9 €, www.wasserskilift-magdeburg.de

Bowling

Bowling ist die amerikanische Version des Kegelns. Die Figuren heißen Pins, ein Abräumer Strike und die Kugeln haben Grifflöcher. Dank unterschiedlich großer und schwerer Kugeln findet jede „Gewichtsklasse" ihre passende. Extra für Kinder wird Ball-Wall Bowling angeboten, bei dem die Pudelrinnen hochgeklappt werden, damit jeder Wurf ein Treffer wird. Dann gibt's auch keine Krokodilstränen. Günstig auf die Stadtgebiete verteilt stehen in Magdeburg vier Bowlingbahnen, der Preis pro Bahn schwankt zwischen 11 und 23 Euro/h.

Twenty Bowling, MD-Süd, Tel: 611 20 20
Seeblick, MD-Nord, Tel: 255 44 55
US-Play, MD-Nord, Tel: 280 46 66

Minigolf Herrenkrug

Mit der kleinen Hartkugel über die Hindernisse ins Loch – das erfordert Geschicklichkeit und bringt einen hinaus in die Natur. Die Minigolfanlage am Herrenkrughotel ist gut gepflegt und auch im prallen Sommer angenehm schattig. Und der Park ringsum bietet Platz zum „herumstromern".

Herrenkrugstraße, MD-Herrenkrug, Tel: 85080, Pro Runde Erw. 3 €, Kinder 2 €

Minigolf Lerchenwuhne

Daß Sport und Bier zusammenpassen, zeigt der Biergarten am Olvenstedter Graseweg in der Nähe des Flora-Parkes. Die zugehörige Minigolfanlage mit 18 tollen Bahnen ist eine Attraktion. Da kann es schon mal passieren, daß die Bahnen belegt sind. Noch besser: wenn es für den Nachwuchs irgendwann langweilig wird, ist der Weg zum Abenteuerspielplatz im Florapark mit der Riesenrutsche nicht weit.

Lerchenwuhne 85, MD-Neustädter Feld, Tel: 6212760, pro Runde Erw. 2,50 €, Kind 1,30 €

Bode bei Hohenerxleben

Wochenendabenteuer im Kanu

Der Tipp von: MÜLLER

Der Unterlauf der Bode zwischen Egeln und Nienburg ist selbst für Paddelanfänger wie geschaffen für ein kleines Abenteuerwochenende im Kanu. Keine Angst, das Wasser ist hier noch flach genug für ungefährliche Fahrten mit Kindern. Ein Großkanu kriegt man auf jedes Autodach, passende Schaumkissen und Schwimmwesten liefert der Vermieter mit. Ein geeigneter Platz zum Einsetzen des Bootes ist unterhalb des Egelner Wehres, bis zur Mündung der Bode in Nienburg sind es gut 36 Kilometer. Je nach Geschwindigkeit braucht man dafür 10 bis 12 Stunden reine Fahrzeit. (Natürlich kann die Tour beliebig verkürzt oder verlängert werden). Einzige Unbequemlichkeit – drei Wehre müssen umtragen werden. Am besten klappt das mit zwei Erwachsenen an Bord, das Kanu läßt sich aber auch allein tragen. Unterwegs erlebt man Natur pur: offene Wiesen wechseln mit überhängendem Baumbestand, sonnenbeschienenen Kiesbänken und kleinen Dörfern. Dazu begegnet man Enten, vielen Wasservögeln und mit etwas Glück auch ein paar äußerst neugierigen Bisamratten.

Abenteuer-Organisation

Zeitbedarf: eineinhalb Tage
Streckenlänge: 36 km
reine Fahrzeit: ca. 10 bis 12 Stunden
Streckenbeschreibung: ausführlich unter www.der-aussteiger.com
Kanuvermietung: Großkanus vermietet Der Aussteiger (Halberstädter Str. 21, Tel: 620 95 85). Tagesmiete 20 Euro, Wochenendpauschale (Freitagmittag bis Montagabend inklusive Schwimmwesten) 55 Euro. Vor allem in der Ferienzeit sollte man rechtzeitig vorbestellen.
Übernachtung: im Zelt am Bodeufer oder in den traumhaft schönen Zimmern von Schloß Hohenerxleben (DZ ab 37 Euro, Dreibett-Z ab 56 Euro, Telefon: (03925) 98 90 60). In der Schloß-Gaststätte "Die Gute Stube" kann man auch zu Abend essen.

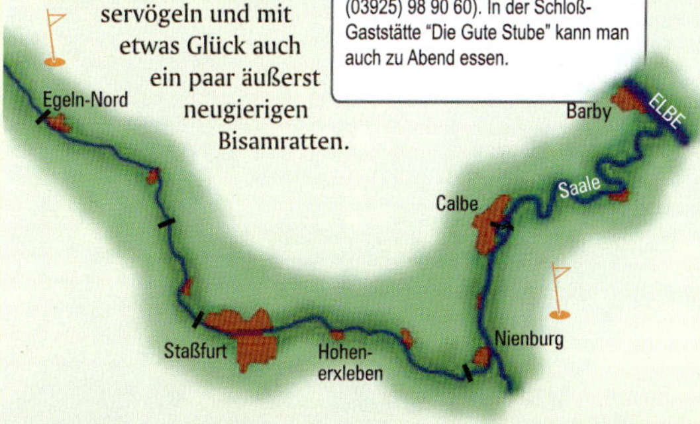

Umland-Touren

Wochenend und Sonnenschein. Auf zu einem Ausflug ins Umland. Entdecken Sie z.B. eine Stadt aus Eisen, einen geheimnisvollen Irrgarten oder tuckernde Parkeisenbahnen. Sie müssen sich nur auf den Weg machen.

BIG WHEEL ist eines von für Tagebaugroßgeräten, die In der Baggerstadt Ferropolis zu erleben sind

❶ Eissporthalle Halle

An der Peißnitzinsel am Ufer der Saale steht Sachsen-Anhalts einzige Eissporthalle. Die Halle hat Ganzjahresbetrieb und dank A 14 ist Halle und sein Eissportzentrum in gut einer Stunde zu erreichen. Nur wenn die Eishockeyflitzer ihre Heimspiele austragen, ist die Halle für den öffentlichen Betrieb gesperrt. Also besser mal vorher anrufen!

Gimritzer Damm 1, 06120 Halle-Peißnitz, Tel: (0345) 685 883, Tageskarte Erw. 4 EUR, Kinder xx EUR, www.eissporthalle.com
A14, AS Halle-Peißen - 92 km - 6 Jahre

PARKEISENBAHN BERNBURG: mit vier offenen Anhängern tuckern die kleinen Dieselloks über die gut zwei Kilometer lange Strecke durchs dschungelgrüne Bernburger Krumpholz

❷ Parkeisenbahn Bernburg

Auf dem nördlichen Saaleufer, entlang der Straße nach Aschersleben, verläuft die Strecke der Bernburger Parkeisenbahn. Was für ein Erlebnis: auf einer Länge von 1,9 Kilometer (Spurweite 600 mm) fahren die dieselgetriebenen Züge mit offenen Anhängern durch das dschungelgrüne „Krumbholz" und verbinden den Hauptbahnhof Rosenhag mit den Haltepunkten Tiergarten, Sportforum, Keßlerturm und Märchengarten Paradies.

Krumbholzallee, 06406 Bernburg, Tel: (03471) 352012, Fahrzeiten: Ostern bis Oktober, (Hauptsaison Juni bis August), Mo 12-18 Uhr, Di-Fr 10-12.30 und 13-18 Uhr, Sa-So 10-18 Uhr, 1 Fahrt: Erwachsene 1 €, Kinder 0,50 €
A 14, AS Bernburg - 42 km - 3 Jahre

❸ Märchengarten „Paradies" Bernburg

Die Ausflugsgaststätte „Paradies" im Bernburger Krumbholz beherbergt einen liebevoll gestalteten Märchengarten. Das Areal mit einer Fläche von gut 2.000 qm wird von den Mauern und Türmen eines weißen Kinder-Märchenschlosses überragt. Dank sprach- und bewegungsgesteuerten Figuren in den elf bewegten Bildern werden die schönsten Märchen der Brüder Grimm äußerst lebendig erzählt. Da schaut Rapunzel aus dem Turm heraus und der Froschkönig taucht platschnaß aus dem Brunnen auf, um den Kindern sein Leid mit der Königstochter zu klagen. Die Gaststätte selbst lockt mit einem großen schattigen Biergarten und einem zusätzlichen Kinderspielplatz. Nur wenige Meter unterhalb des Märchengartens ist auch die Endstation der Parkeisenbahn.

Ilberstädter Straße 114, 06406 Bernburg, Tel: (03471) 36 77 77, Mai-Sept: Di-So 10-22 Uhr, Okt-April eingeschränkte Öffnung, pro Person 2,00 € (bis 2 Jahren frei), Gruppenermäßigung; www.paradies-bernburg.de
A 14, AS Bernburg, ca. 40 km, ab 2 Jahre

MÄRCHENGARTEN PARADIES BERNBURG: „Küß mich, ich bin ein verwunschener Prinz, ruft der Frosch aus dem Becken – die wichtigsten Grimmschen Geschichten werden im verwunschenen Märchengarten mit bewegten Figuren und Sprechstimmen erlebbar gemacht

IRRGARTEN ALTJESSNITZ: im fünfzig mal fünfzig Meter großen Heckengeviert hat man etwa 1230 Meter Wege und gut 250 Möglichkeiten, den Weg zur Plattform in der Mitte zu finden.

4 Technikmuseum Hugo Junkers Dessau

Die Stadt Dessau blickt auf eine große Vergangenheit im Flugzeugbau zurück. In den Junkers-Werken wurde u.a. die legendäre „Tante Ju" gebaut. Seit 1992 baut ein Förderverein das Technikmuseum auf. Der Star unter den 2000 Exponaten ist eine originale Ju 52/3m, die 1995 aus einem norwegischen Fjord geborgen und Stück für Stück rekonstruiert wurde. Darüber sind in den Hallen und auf dem Freigelände zahlreiche Flugzeugtypen, Motoren und Strahltriebwerke sowie ein Junkers-Windkanal ausgestellt.

Kühnauer Straße 161a, 06846 Dessau, Tel: (0340) 6 61 19 82, Mo-Sa 10-17 Uhr, Erw. 2,50 EUR, Kinder 1,50 EUR, Familienkarte 7 EUR, www.technikmuseum-dessau.de

B 184 über Zerbst, 62 km, ab 6 Jahren

FILMPARK BABELSBERG: jedes Kind kennt das Sandmännchen aus den Gute-Nacht-Geschichten im Fernsehen, aber hier im Filmpark Babelsberg ist es zuhause und mit etwas Glück kann man bei einer Produktion zuschauen

5 Irrgarten Altjeßnitz

Ist ja irre, Deutschlands größter, ältester und zugleich „irrester" Irrgarten im kleinen Dörfchen Altjeßnitz bei Wolfen hat es in sich. Auf einer nahezu quadratischen Grundfläche von 50 mal 50 Metern ließ der Gutsbesitzer Hans Adam einst junge Hainbuchen pflanzen. Die entstandenen, etwa 2 Meter hohen Hecken säumen die insgesamt etwa 1.230 Meter langen Wege. Man braucht schon ein wenig Entdeckergeist (oder ein Knäuel Wolle), um bei gut 250 Möglichkeiten den Überblick zu behalten und das Ziel aller Wünsche, die Aussichtsplattform in der Mitte, zu erreichen.

Hauptstraße 9, Altjeßnitz b. Wolfen, Tel: (03 49 4) 7 71 87, ständig geöffnet, kein Eintritt

A9, AS Dessau-Süd, B184 nach Wolfen, 90 km

6 Der Kupferhammer von Thießen

Am Rande des Dörfchens Thießen, ein wenig nördlich der Kreisstadt Zerbst, ist ein 400 Jahre alter Kupferhammer erhalten geblieben. Die Anlage war sogar bis 1974 noch in Betrieb. Heute ist es als voll funktionsfähige technische Schauanlage mit dem alten Wasserradantrieb hergerichtet, die einen originalgetreuen Einblick in das handwerkliche Können und die technischen Möglichkeiten im 17. Jahrhundert ermöglicht. Gruppen sind ebenso willkommen, wie Einzelbesucher, sollten aber vorher angemeldet werden.

Klaus Liensdorf, 06862 Thießen, Tel: (03 49 07) 2 04 40, Di-Fr ab 14 Uhr, Sa 14-17 Uhr, So/FT 10-12 und 14-17 Uhr

B 184 bis Roßlau, ca. 61 km, ab 8 Jahren

Filmpark Babelsberg

Ein Besuch im Filmpark Babelsberg bringt pures Abenteuer mit sich. Hier sind alte Filmkulissen zu einer märchenhaften Stadt zusammengefügt worden. Und die bietet alle Möglichkeiten: durch alte Filmkulissen toben und Ritter spielen, die Stuntshow verfolgen oder sich als Burgfräulein verkleiden. Der Phantasie sind dabei keine Grenzen gesetzt. Eine Filmtiershow zeigt, wie „wilde“ Tiere bei den Dreharbeiten zu handhaben sind, eine Ecke weiter lockt das Kinderparadies „Janoschs Traumland“ und wer Glück hat, kann bei der Produktion einer Sandmann-Folge zuschauen.

August-Bebel-Straße 26-53 (Eingang Großbeerenstraße), Potsdam-Babelsberg, Tel: (03 31) 7 21 27 55, März-November täglich 10-18 Uhr, Eintritt: Kinder bis 14 Jahre 9 €, Erwachsene 14 €, www.filmpark.de

A2/A115 AS Babelsberg - 126 km - 5 Jahre

OPEN AIR MUSEUM FERROPOLIS: Die E-Loks aus dem früherenBraunkohletagebau Gräfenhainichen stehen heute im Open-Air-Museum von Ferropolis

8 Ferropolis – Stadt aus Eisen

Der Tipp von: MÜLLER

Etwa zeitgleich mit der Wende wurde der gesamte Braunkohleabbau im Raum Bitterfeld/Gräfenhainichen eingestellt, die Kraftwerke stillgelegt. Am ehemaligen Tagebau Golpa-Nord erinnert seit 1997 die „Stadt aus Eisen“, eine Formation von fünf Tagebaugroßgeräten, an die 150-jährige Geschichte des Braunkohlentagebaus. Die fünf heißen Mad Max, Medusa, Big Wheel, Gemini und Mosquito - und stehen als riesiges Freilichtmuseum auf einer Halbinsel im entstandenen See des Restlochs. Offiziell ist das Besteigen der Bagger verboten, aber auch so ist das Erlebnis der gigantischen Eisen-Monster faszinierend. In einer nebenan liegenden Halle existiert ein kleines Doku-Zentrum, dazu werden einstündige Führungen angeboten. Ebenso ist an der Zufahrt zum Gelände ein Museum mit Schienenfahrzeugtechnik des Bergbaus aufgebaut.

Ferropolisstraße 1, 06773 Gräfenhainichen, Tel: (03 49 53) 35-120, geöffnet täglich 10-19 Uhr (Winter bis Einbruch Dunkelheit), Eintritt: Erwachsene 3,50 EUR, Kinder 2 EUR, Familienkarte (2+4 Pers) 6 EUR, www.ferropolis-online.de

B 184/B 107 über Dessau, 82 km, ab 8 Jhr

STADT AUS EISEN: Was für ein Erlebnis! So große Bagger wie Mad Max & Co hat kein Kind zuvor erlebt. Und auch kaum ein Erwachsener...

Haus der Geschichte Wittenberg

Wer seinen Kinder etwas über das Leben in der DDR erzählen möchte, sollte das am besten in der Ausstellung „Kultur im Heim – Wohnen in der DDR“ im Haus der Geschichte Wittenberg tun. Manch Altvertrau-

QUEEN ARENDSEE: wie ein echter Mississippi-Dampfer schnauft die „Queen“, getrieben von ihrem riesigen leuchtend roten Schaufelrad, um den gleichnamigen Arendsee.

tes gibt es zu entdecken: Leitermöbel aus den Sechzigern oder Waschmaschinen aus Schwarzenberg. Die Geschichten dazu fallen einem von ganz allein wieder ein.

Schloßstraße 6, 06886 Wittenberg, Tel: (03491) 66 03 66, Di-Fr 10-17 Uhr, Sa/So 11-18 Uhr, Erwachs. 2,50 €, Kinder 0,50 €
B 184/B 187, Roßlau links - 85 km - 6 Jahre

10 Kunsthof Augustusgabe Barby

Auf Erholung in der Natur ist der „Kunsthof Augustusgabe“ ausgerichtet. Die ehemalige Ritterdomäne liegt unmittelbar an der Mündung der Saale in die Elbe.

VERGNÜGUNGSPARK BELANTIS LEIPZIG: im ehemaligen Tagebaugebiet um den Cospudener See südlich von Leipzig steht Ostdeutschlands erster Vergnügungspark – ein Mix aus Action, Phantasie und Animation

Zum Ensemble gehören Hotel und Gastwirtschaft. Familien und Schulklassen finden hier spannende Angebote, angefangen bei geführten Ausritten zu Pferde oder mit dem Kutschwagen in die Elbwiesen, über Kreativkurse für Töpfern, Malen oder Backen,

Brauhausstraße 24, 39249 Barby/Elbe, Tel: (03 92 98) 68 510, www.kunsthof-barby.de
A14 AS Schöneb./B 246a - 38 km - 4 Jahre

Queen Arendsee

Auf dem Arendsee, der „Perle der Altmark“, fährt die „Queen Arendsee“. Das leuchtend rot und weiß lackierte Schiff sieht aus wie ein echter Mississippi-Dampfer – mit einem riesigen Schaufelrad im Heck und dicken schwarzen Schloten. 120 Personen faßt das Schiff, die besten Plätze sind auf dem Sonnendeck. Die einstündige Fahrt führt immer in Ufernähe rund um den See. Nach einer Fahrt badet es sich im Arendsee auch sehr schön.

Anleger Seepromenade, 39619 Arendsee, Tel: (03 93 84) 2 71 64, Mai bis September Abfahrt 10.00, 11.30, 13.00, 15.00 und 17.00 Uhr, Erw. 6 EUR, 3-13 Jahre 3 EUR
B 189 über Stendal - 118 km - 4 Jahre

Vergnügungspark Belantis Leipzig

„Mehr Spaß im Osten“ ist das offizielle Motto für das Disneyland Ostdeutschlands, den Vergnügungspark Belantis am Cospudener See bei Leipzig. Das Areal wurde erst im März 2003 eröffnet und hatte nach eigenen Angaben im ersten Jahr bereits 500.000 Besucher. Die können einen Mix aus Action, Phantasie und Animation erleben, der in fünf aufwendig gestaltete Themenbereiche gebettet ist: die Besucher erleben das Tal der Pharaonen, die Ritterzeit oder die Piratenzeit – dafür bezahlt man aber auch seinen Preis.

Zur Weißen Mark 1, 04249 Leipzig, Tel: (0341) 91 03 0, Mi-So 10-18 Uhr (in den Ferien täglich 10-18 Uhr), Tageskarte 17 €, Kinder 15 € (unter 1 m frei), www.belantis.de
A 14/A 9/A 38, AS Zwenkau - 130 km - 6 Jh.

⓭ Parkbahn Weißewarte

Der Wildpark Weißewarte ist nicht nur für Tierliebhaber ein Anlaufpunkt. Ein urwüchsiger Baumbestand mit 300-jährigen Eichen bestimmt den Charakter des 15 ha großen Gelände bei Tangerhütte mit seinen gut 400 Wildtieren. (siehe auch S. 39) In die Anlage eingebettet sind attraktive Spielmöglichkeiten: ein rustikaler Kinderspielplatz mit Abenteuerbauten, dazu eine Fläche mit freifahrenden Elektroautos. Star der Anlage aber ist eine bezaubernde Parkeisenbahn im Westernlook, die nach jeder gut 150 Meter langen Runde pfeifend in den kleinen Bahnhof einfährt.

Lindenstr. 8, Weißewarte, Tel: (0 39 35) 21 40 07, Mo-Fr 9-18 Uhr, Sa/So 10-16 Uhr, Sommer bis 18 Uhr, Erw. 3 EUR, Kinder 1,50 EUR, www.wildpark-weißewarte.de
B 189 Richtg Tangerhütte - 48 km - 3 Jahre

Langobarden-Dorf Salzwedel

Zwischen dem 2. und dem 4. Jahrhundert n. Chr. war die Altmark vom germanischen Stamm der Langobarden besiedelt. Die meisten Zeugnisse von deren Leben gruben die Archäologen in der Feldmark Zethlingen aus. Am Mühlenberg kann die Langobardenwerkstatt, eine rekonstruierte Siedlung besichtigt werden. Einmal im Monat (So zwischen12 und 16 Uhr) wird eine Kulturtechnik vorgestellt: Waffen herstellen, Kochen oder Leder gerben. Noch spannender: Wer sich als Gruppe vorher anmeldet, darf hier selbst wie die Vorfahren töpfern, backen spinnen und weben.

Feldmark Zethlingen über Danneil-Museum, An der Marienkirche 3, 29410 Salzwedel, Tel: (03901) 42 33 80
B 189 über Stendal - ca. 91 km - 6 Jahre

⓯ Ziegelei Hundisburg

Die 1882 gegründete Ziegelei nahe Schloß Hundisburg wurde als lebendiger Museumshof und Technisches Denkmal saniert, in dem noch heute Ziegel gebrannt werden. Für alte und junge Besucher ist die historische Ziegeleitechnik erlebbar, von der Formung und Trocknung bis zum kohlebeheizten Zick-Zack-Brennofen. Und es darf mitgemacht werden. Das Töpfern in der Grobkeramikwerkstatt bringt neben dem Spaß noch ein greifbares Ergebnis, das als Erinnerung mit nach Hause genommen werden darf. Besonders lustig: mit der winzigen Diesel-Feldbahn drehen Besucher eine 1km-Runde zur Tongrube.

Süplinger Straße 2, 39343 Hundisburg, Tel: (039 04) 4 28 35, geöffnet: Mo-Fr 10-16 Uhr (ganzjährig), So 10-17 Uhr (1.5. - 31.10.)
A 2, AS Bornstedt - 34 km - 6 Jahre

PARKEISENBAHN WEISSEWARTE: eine bezaubernde, elektrische Westerneisenbahn zieht auf einer gut 150 Meter langen Schleife ihre Runden durch den Wildpark Weißewarte

ZIEGELEI HUNDISBURG: die historische Ziegelei ist heute ein Technisches Denkmal, trotzdem aber noch voll funktionstüchtig. Das gilt auch für die kleine Diesel-Feldbahn, mit der ebenso kleine Menschen tuckernd auf einer Runde zur Tongrube der Ziegelei unterwegs sind

GEDENKSTÄTTE DEUTSCHE TEILUNG MARIENBORN: die verlassene ehemalige Grenzübergangsstelle ist heute Gedenkstätte und ein eindrucksvoller Platz, um mit den Kindern eine Reise durch die jüngere deutsche Geschichte zu machen

16 Gedenkstätte Deutsche Teilung Marienborn

Großflächig betoniert ist das Gelände, verlassen und voll düsterer Stimmung. Am 30. Juni1990, um 24.00 Uhr wurden die Kontrollen auf der Grenzübergangsstelle GÜSt Marienborn offiziell eingestellt, aber da hatte sie ihren Schrecken im deutsch-deutschen Grenzverkehr bereits verloren. Seit 1996 ist das Areal an der Autobahn A2 ein Museum. Wo besser als hier, am erhalten gebliebenen Originalschauplatz könnte man gemeinsam mit seinen „ahnungslosen" Kindern einen lebendigen Geschichtsnachmittag erleben. Die Besucher können sich das Gelände selbständig erschließen, wegen der Weitläufigkeit ist eine Führung sehr empfehlenswert. Im Dokumentationszentrum informieren darüber hinaus ein Videofilm und eine erste Ausstellung über die Geschichte der Grenzübergangsstelle und deren historischen Zusammenhänge. In der Nähe sind auch das Grenzdenkmal Hötensleben und das Zonengrenzmuseum Helmstedt.

ehemaliger Grenzübergang, Tel: (03 94 06) 92 09-0, Di-So 10-17 Uhr, Eintritt frei, Führungen nach Voranmeldung möglich
A 2, AS Marienborn - 45 km - ab 8 Jahre

GRENZDENKMAL HÖTENSLEBEN: ein Stück der ehemaligen DDR-Grenzanlagen steht hier noch im Originalzustand. Alle Details wie Sichtblendmauer, Signalzaun, das Sicht- und Schußfeld sowie der Führungsturm sind erhalten geblieben.

17 Grenzdenkmal Hötensleben

Südlich der Autobahn A2 kann man bei Hötensleben ein Stück der ehemaligen DDR-Grenzanlagen im Originalzustand studieren. Auf einer Länge von 350 m und einer Fläche von 6,5 ha wurde das Areal Anfang der Neunziger vor der Schleifung bewahrt, um als Zeitzeuge der deutsch-deutschen Teilung für immer ein Mahnmal zu sein. Alle Details wie Sichtblendmauer, Signalzaun, das Sicht- und Schußfeld mit Lichttrasse, Kolonnenweg und Kfz-Hindernisse, die Grenzmauer sowie der Führungsturm sind erhalten geblieben. Beeindruckend ist der Verlauf der Sperranlage auch, weil sie unmittelbar hinter den Häusern des Ortes errichtet wurden.

Ortsausgang Hötenleben, jederzeit frei zugänglich
A 2 AS Eilsleben, B 245 - 53 km - 10 Jahre

18 Autostadt Wolfsburg

Der Tipp von: MÜLLER

Wolfsburg kennt jeder, wegen VW. Seit vor drei Jahren am Mittellandkanal die Autostadt eröffnet hat, wird hier die Abholung eines Neuwagens zelebriert und ganze Familien, Schulklassen, Teenie-Cliquen schlendern durch den futuristisch anmutenden Park mit gläsernen Türmen und kubischen Pavillons. Sie staunen in Rüttel- und Rundum-Kinos, reisen im Zeithaus durch die Geschichte der Mobilität, stolpern durch Nebelgänge und Labyrinthe. Und die Kinder flitzen in Mini-Beetles umher. Einziger Nachteil: die gepflegten Eintrittspreise.

Stadtbrücke, 38440 Wolfsburg, Tel: 08 00/2 88 67 82 38, www.autostadt.de, täglich geöffnet 9-20 Uhr (ab 1. Nov. 9-18 Uhr) Eintritt: Erwachsene 14 €, Kinder 6 €
A 2/A 39 bis WOB-West - 84 km - 6 Jahre

AUTOSTADT WOLFSBURG: Die Spielwiese für große und kleine Liebhaber automobiler Vehikel. Man reist durch die Geschichte, taucht in futuristische Welten ein und die ganz Kleinen flitzen in Mini-Beetles umher

19 Indianer-Dorf Bertingen

Familien mit Kindern sind auf dem Campingplatz und im Indianer-Lager Bertingen bestens aufgehoben. Daß Inhaber Gerhard Müller ein wahrer Kinder-Fan ist und zugleich das indianische Leben mag, merkt man an jeder Ecke und bei allen Freizeitmöglichkeiten. Wer will, kann sich auf der Bogen-Schießanlage oder beim Axtwerfen versuchen, unter Anleitung wird Indianerschmuck gebastelt oder man reitet auf den geführten Ponys der Anlage. Kinder bis 10 Jahre vergnügen sich in einer kleinen Westernstadt und übernachtet werden kann ich richtigen indianischen Tipi-Zelten.

Campingplatz Bertingen, 39517 Bertingen, Tel: (03 93 66) 5 10 37, April-Oktober, www.tipi-dorf.de
B 189, über WMS, Rogätz - 36 km - 3 Jahre

20 Abenteuerland Königsaue

Am Rande des ehemaligen Tagebaugebietes nördlich von Aschersleben (wurde geflutet und heißt heute Seeland mit Segelbetrieb und Badeanlage) eröffnete im April 2001 das Abenteuerland Königsaue – Sachsen-Anhalts größter Spielplatz. Auf 10 Hektar Fläche sind 50 Spielgeräte und Abenteuerbauten aufgestellt worden. Attraktionen sind ein großes Abenteuer-Fort, eine doppelte Riesenschaukel oder das tolle Piratenschiff im Meer aus schneeweißen Sand. Wegen seiner von Wald umgebenen, geschützten Lage und der zahlreichen aus Holz gebauten Sitzrunden ist der Platz zum Besuch mit einer größeren Picknick-Gruppe ideal, dazu steht

ABENTEUERLAND KÖNIGSAUE: Auf Sachsen-Anhalts größtem Spielplatz verteilen sich 50 tolle Spiel und Klettergeräte auf eine Fläche von 10 ha. Viel Platz, um dazwischen ungestört Familienpicknick zu machen

BIOSPHÄRE POTSDAM: Bis zu 14 Meter hohe Palmen bilden das Dach dieses 5.500 qm großen Tropenparadieses unter Glas. Feuchtwarme Luft, die Geräusche des Urwalds und ein stündliches Gewitter mit Nebel sorgen für tolle Dschungel-Atmosphäre

ein frei benutzbarer Grillplatz zur Verfügung, sonst besteht Versorgungsmöglichkeit über Kiosk.

an der Landstraße Schadeleben - Frose, täglich 10-20 Uhr, Eintritt frei
B 81/B180, Winningen rechts - 40 km - 2 J.

Biosphäre Potsdam

Eine spannende Entdeckungsreise durch die faszinierende Welt eines Tropenparadieses unter Glas steht bevor. Bis zu 14 Meter hohe Bäume und Palmen bilden das grüne Dach dieses Regenwaldes. Sträucher und Stauden, Bromelien und Orchideen, Farne und Nutzpflanzen wie Kakao und Kaffee säumen die verschlungenen Pfade der 5.500 Quadratmeter großen Anlage, die ein Idee der Bundesgartenschau 2001 ist. Temperaturen von 23 bis 28 °C und die feuchtwarme Luft des Urwaldes lassen einen dabei vor allem während des Winters den Alltag vergessen. Hier kann jeder zum Forscher werden, denn Verstehen und selbst ausprobieren ist die Philosophie des Hauses, das pro Jahr gut 300.000 Gäste besuchen. Ein Wasserfall, die Geräusche des Regenwaldes sowie ein stündliches Gewitter mit Regenschauern und Nebel schaffen dazu echte „Dschungel-Atmosphäre".

Georg-Hermann-Allee 99, 14469 Potsdam, Tel: (0331) 550 74-0, www.biosphaere.net, ganzjährig Mo-Fr 9-18 Uhr, Sa/So/FT 10-19 Uhr, Erw (ab 14 J.) 9,50 €, Kinder (5-13 J) 6,50 €, Familienkarte (2 Erw+3 Ki) 28 €
A2/A10 AS Potsdam-Nord - 118 km - 5 Jahre

ERLEBNISPARK BODETAL: das Areal neben der Talstation des Sesselliftes zur Roßtrappe bietet Freizeitspaß pur. Eine der vielen Attraktionen ist die Bungee-Anlage, bei der die Gesetze der Schwerkraft aufgehoben zu sein scheinen

22 Erlebnispark im Bodetal Thale

Die Felsenschlucht des Bodetals bei Thale ist eine allererste Freizeitadresse. Auf engstem Raum drängen sich hier die Attraktionen: Seilbahn, Hexentanzplatz, Bergtheater, Tierpark. Am spannendsten für Kinder ist ein Funpark an der Talstation des Sessellifts hinauf zur Roßtrappe. Hier warten Kindereisenbahn, Kinderbagger, Bungee (siehe Foto) und andere Spaßgeräte, bezahlt wird pro Einzelfahrt wie auf dem Rummel. Der Clou ist das Jetboot: mit 40 km/h geht es hinab, um zum 6 Meter weiten Flug in ein Wasserbad anzusetzen. Bei schlechtem Wetter flüchtet man ins Tollhaus, um zu klettern, zu rutschen und spielen,

im Bodetal, 06502 Thale, Tel: (03947) 2500, Mai-Oktober täglich 9.30-18 Uhr, April täglich 10-16.30 Uhr, Februar – März z.T. an Wochenenden, Eintritt Park und Tollhaus frei, Gerätechip 1 €, 6 Stück für 5 €
B 81, Kroppenstedt links - 65 km - 5 Jahre

23 Bau-Spiel-Haus Thale

Im Frühjahr 2004 eröffnete in der Harzstadt ein Abenteuerspielplatz der besonderen Art. Das Bau-Spiel-Haus ist eine Halle, die als Baustellenspielplatz gestaltet wurde. Hier können Kinder gefahrlos rutschen und basteln, bauen und toben. Attraktion der Anlage ist ein gepolsterter, fünf Meter hoher Kletterkegel. Wer es bis nach oben schafft, darf auf der Rutsche hinunterflitzen.

Otto-Schönermark-Straße 1, 06502 Thale, Tel: (03947) 610626, www.bau-spiel-haus.de in den Ferien täglich 10-20 Uhr (sonst Mo geschlossen), pro Person/Tag 4 €
B 81, Kroppenstedt links - 65 km - 3 Jahre

24 Rübeländer Tropfsteinhöhlen

Die Baumanns- und die Hermannshöhle in Rübeland gelten als die prächtigsten Tropfsteinhöhlen Mitteleuropas. Auf schmalen Pfaden und eisernen Leitern, die auch Kinder gut bewältigen können, wandert man durch die Phantasie anregende, unterirdische Welt. Faszinierend sind die geheimnisvolle Krötenschlucht, die Palmengrotten und die Säulenhalle. Die Hermannshöhle hat eine schöne Kristallkammer zu bieten und den Olmensee mit seinen Grottenolmen.

Blankenburger Straße 35, 38889 Rübeland, Tel: (039 454) 491 32, Mo-So 9.00-15.30 Uhr, Eintritt: Erw 4 €, Kinder 2,50 €
B 81/B 27 über Blankenburg - 82 km - 6 J.

RÜBELÄNDER TROPFSTEINHÖHLEN: wie Zuckergußspielereien eines Riesen wirken die bizarren Tropfsteinformationen in den Rübeländer Höhlen. Da bedarf es schon Forschergeist und rutschfester Gummisohlen um diese „Abenteuer" zu bestehen

25 Schaubergwerk „Drei Kronen und Ehrt"

Nicht weit von den Rübelander Höhlen entfernt, befindet sich das Besucherbergwerk „Drei Kronen und Ehrt". Hier wurde noch bis Sommer 1990 Schwefelkies gewonnen. Die Besucher von heute fahren im Stile echter Bergleute in einer Grubenbahn in den Stollen ein. Untertage findet man in einmaliger Vollständigkeit die originalen Maschinen vor, mit denen hier zuletzt gearbeitet wurde. Erfahrene

BAU-SPIEL-HAUS THALE: phantasievoller Indoor-Spielpark, der als eine Kinderbaustelle gestaltet wurde. Clou der Anlage ist ein 5 Meter hoher Kletterturm

PULLMANN CITY HASSELFELDE: der Wilde Westen beginnt bereits im Harz. Die Westernstadt Pullmann City II macht alle Facetten des alten Amerika erlebbar – von den Cowboy-Saloons, über das Blockhüttenleben der Trapper bis zu den Indianertipis in der Weite der Prärie

Bergleute führen sie im laufenden Betrieb vor und erzählen über den Bergbau. Beeindruckend ist ein Blick in den riesigen ausgeerzten Hohlraum.

Mühlental 13, 38875 Elbingerode, Tel: (03 94 54) 429 10, Mai-Okt. tägl. 9-17.30 Uhr (Führungen um 9, 11, 13, 15 und 16 Uhr) Nov-April täglich 10-16.30 Uhr (Führungen um 10, 11, 13 und 15 Uhr)
B 81/B 27 üb. Blankenburg - 85 km - 6 Jahre

26 Schaubergwerk Büchenberg

Mehr als tausend Jahre lang wurde im Harz Eisenerz gefördert und verhüttet. In der 1970 geschlossenen Eisenerzgrube „Büchenberg“ hat man ein Schaubergwerk eingerichtet. Über eine lange Treppe gelangt man hinab auf die Förderstrecke. Auf dem folgenden 600 Meter langen Rundweg erlebt alt und jung unter welchen Bedingungen hier in den 50er und 60er Jahren Erz gewonnen wurde. Im Bergwerk herrscht eine konstante Temperatur von 8 Grad. Es wird empfohlen, den Besuch mit warmer Kleidnung und festem Schuhwerk vorzunehmen.

An der B 244, 38872 Elbingerode, Tel: (03 94 54) 4 22 00, Nov-Mai täglich Führungen, Erw 4,60 Euro, Kinderermäßigungen
B 81/B 27 üb. Blankenburg - 75 km - 6 Jahre

27 Harzer Schmalspurbahnen

Qualmend und pfeifend rattern die Dampfloks der Harzer Schmalspurbahnen durch die wilden Täler und Wälder und ziehen ihre Wagen selbst bis hinauf zum Brockenplateau. 131 Kilometer ist das Schmalspurstreckennetz der Brocken-, Selketal- und Harzquerbahn lang und damit das längste in Deutschland. Und sein wir doch mal ehrlich: Eine Fahrt ist für große Menschen genauso erlebnisreich und spannen wie für kleine. Idealer Startpunkt für eine Fahrt ist der Hauptbahnhof von Wernigerode.

Hbf Wernigerode, Tarifauskünfte/Fahrpläne Tel: (03943) 558 15 11 53 oder im Netz: www.hsb-wr.de
B 81/B 6 üb. Halberstadt - 78 km - 3 Jahre

HARZER SCHMALSPURBAHNEN: schnaufend, zischend, pfeifend arbeiten sich die liebenswürdigen kleinen Dampfzüge quer durch den Harz. Da schlagen die Herzen von kleinen und großen Eisenbahnfans gleichermaßen hoch.

28 Pullmann City II Hasselfelde

Auf 100.000 qm Fläche hat man bei Hasselfelde eine Westernstadt nachgebaut, wie man sie aus gängigen Cowboy-Filmen kennt. Die bietet ein breites Unterhaltungsprogramm mit stündlich wechselnden Showteilen für die ganze Familie. Pullman City II ist dabei völlig gewaltfrei, heißt, es fällt kein einziger Schuß, stattdessen finden folkloristische Vorführungen statt. Pferdefreunde kommen voll auf ihre Kosten: Ponys, Trailpferde sowie Kutschen stehen bereit und Kinder toben sich auf dem Abenteuerspielplatz aus. In einem Wildgehege erlebt man amerikanische Bisons neben einheimischen Tierarten.

Am Rosentale 11, 38899 Hasselfelde, Tel: (039459) 7310, April-Okt täglich 10-01 Uhr; Erw. (ab 17) 12 €, Kinder (ab 1,31 m bis 16) 8 €, Kinder (ab 4 bis 1,30 m) 5 €, TONKY Karte (2 Erw+2ki) 29 €

B 81, über Blankenburg - 90 km - 4 Jahre

Besucherbergwerk Rammelsberg

Südlich von Goslar steht das ehemalige Erzbergwerk Rammelsberg. Schon im 3. Jahrhundert wurde hier Erz abgebaut und zu Zeiten Ottos des Großen begann man die industrielle Förderung. Das in das Weltkulturerbe der UNESCO aufgenommene Bergwerk ist voll von Superlativen. Als Besucher fährt man mit der Grubenbahn in den Berg hinein. Dort erlebt man bergbautechnische Maschinen, teilweise auch im Betrieb. Beeindruckend ist die originalgetreue Rekonstruktion eines riesigen Wasserrades im Roeder-Stollen. Das oberirdische Bergbaumuseum ist mit etwa 20.000 qm Fläche eines der größten in Deutschland.

Bergtal 19, 38640 Goslar, Tel: (05321) 7500 www.rammelsberg.de, täglich 9-18 Uhr, Tageskarte Museum (inkl. Führung im Besucherbergwerk): Erwachsene 10 € (9 €) Kinder/Jugendliche 6 € (5,50 €)

B 81/B 6, üb. Halberstadt - 125 km - 6 Jahre

Veranstaltungen im Jahr

Rund ums Jahr, rund um Magdeburg ist bei Ritternächten oder Jahrmärkten immer was los. Man muß nur wissen, wann und wo!

Ballonmagie – Nachtglühen im Elbauenpark

Walpurgisnacht auf dem Hexentanzplatz, wenn im Harz die Feuer lodern und die Hexen tanzen, *30. April, Information: (03947) 2324*

Ritterspiele und Burgspektakel auf Burg Querfurt, wenn in der trutzigsten aller Burgen im Land die Ritter kämpfen, *Juni, Information: (034771) 23 799*

Ritterspiele Burg Querfurth

Dampflokfest Staßfurt, dreimal im Jahr wird im Traditionsbetriebswerk angefeuert. *März, Juni und September, Information: (03925) 38 38 00*

Brühtrogpaddel in Roßdorf, Auf Tradition beruhendes Wasserspektakel im Jerichower Land, *Information: (03933) 4934*

Pfingstspectaculum auf Burg Wolmirstedt, Ritterkämpfe, Musik und MittelalterMarkt hoch über Wolmirstedt, *Information: (039201) 646*

Luthers Hochzeit, Historienspektakel durch die Altstadt von Wittenberg, Anfang Juni, *Information: (03491) 2239*

Ballonmagie im Elbauenpark, Zwei spektakelreiche Tage ist heiße Luft im Park, *August, Information: 59 57 000*

Pferdemarkt Havelberg, wenn im „Mühlenholz" 1000 Pferde den Besitzer wechseln, *1. WE im September, Information: (039387) 88224*

Nacht der Lichter im Elbauenpark

Nacht der Lichter im Elbauenpark, Zum Saisonabschluß werden tausende Lampions angezündet, *Oktober, Information: 59 57 000*

Schule

Nicht erst seit der Pisa-Studie ist uns aufgegangen, daß am deutschen Bildungssystem etwas nicht stimmt. Dabei verzweigen sich die möglichen Bildungswege bereits mit der Grundschule.

Grundschulen in freier Trägerschaft

♦Alle im Schulgesetz des Landes zugelassenen Schulformen bestehen in Magdeburg: Allgemeinbildende Schulen, Grundschulen, Sekundarschulen, Gesamtschulen und Gymnasien.
Den Anfang macht die Grundschule. Hier werden Schüler des 1. bis 4. Schuljahres unterrichtet. Die Schüler haben zur Erfüllung ihrer Schulpflicht die Schule zu besuchen, in deren Schulbezirk sie wohnen. Über Ausnahmeanträge, etwa für Schulen Freier Träger, entscheidet die Schulbehörde. Diese Grundschulen in freier Trägerschaft und ihre konzeptionellen Ansätze sollen nachfolgend dargestellt werden.

FREIE SCHULE MAGDEBURG: die Freie Schule Magdeburg arbeitet nach den pädagogischen Konzepten Maria Montessoris und anderer Reformpädagogen

1 Freie Schule

Die Freie Schule am Rande der Schroteanlagen ist anerkannte Ersatzschule und besteht seit 1994. Sie arbeitet nach einem pädagogischen Konzept, das die Ideen Maria Montessoris und weiterer Reformpädagogen aufnimmt, zu einem eigene Konzept verwebt und auf die Situation heutiger Kindheit überträgt. Träger der Schule, die ausdrücklich keine Montessori-Schule sein soll, ist die Initiative zur Förderung aktiver und freier Pädagogik e.V.. Unterricht findet hier nicht frontal, sondern bevorzugt in kleinen Sitzrunden statt. Neben diesen Runden „lernen" die Kinder hier mit allen Sinnen, beschäftigen sich nach eigener Interessenlage und individuellem Entwicklungsstand mit den verschiedenen Materialien. Nach dem Motto „Hilf´ mir, es selbst zu tun" stehen ihnen Montessori-PädagogInnen begleitend zur Seite. Die Schule hat 40 Schüler in vier Klassenstufen, die Zahl der Anmeldungen übersteigt die jährlich vorhandenen Plätze dabei stets deutlich. Wichtige Grundvoraussetzung für die Chance auf einen Platz ist ein möglichst frühzeitiges, intensives Engagement der Eltern im Förderverein.

Harsdorfer Straße 33, MD-Stadtfeld,
Tel: 5 62 07 31, Fax: 6 62 86 38,
Allgemeinbildende Schule Klassen 1 bis 4

2 Freie Waldorfschule

Die Freie Waldorfschule Magdeburg besteht bereits seit 1990 und war damit die erste genehmigte Ersatzschule der Stadt. Die musikalische und handwerkliche Erziehung ist ein wesentlicher Bestandteil des pädagogischen Konzepts, das auf den Antroposophen Rudolf Steiner zurückgeht. Fächer mit stärkerem Übcharakter (Sprachen, Musik, Handwerk, Sport) sind in einem Wochenstundenplan eingegliedert. Fächer, die die Wissensvermittlung betonen, werden als Epochenunterricht in 3- bis 4-wöchigen Kursen morgens in den ersten beiden Stunden vom Klassenlehrer unterrichtet. Der bzw. die begleitet eine Klasse dabei von der 1. bis zur 8. Stufe. Ab der 1. Klasse lernt man das Flötespiel, ab der 4. gibt es die Möglichkeit, im Schulchor mitzusingen. Von 6.30 Uhr bis 18.00 Uhr ist bis einschließlich der 6. Klasse eine Hortbetreuung möglich. Anmeldungen für Schulanfänger werden jeweils bis Ende November entge-

KATHOLISCHE GRUNDSCHULE ST. MECHTHILD: hier wird auf Grundlage des christlichen Glaubens unterrichtet, die Schule ist dabei ausdrücklich ökumenisch orientiert, also offen für alle Christen

gengenommen. Ab Januar finden für die zukünftigen Erstklässler Kennenlernveranstaltungen statt. Spätere Anmeldungen werden berücksichtigt soweit noch Plätze frei sind. Schulgeld wird abhängig vom Einkommen und den Schulkindern pro Familie erhoben.

Kroatenwuhne 3, MD-Sudenburg, Tel: 6116190
www.waldorfschule-magdeburg.de,
Allgemeinbildende Schule für Klasse 1 bis 13
Haupt- und Realschulabschluß, Abitur

3 Dreisprachige Internationale Grundschule

In der Schule werden künftig neben der Muttersprache ab der 1. Klassenstufe wahlweise Englisch oder Französisch vermittelt. Fremdsprachenkenntnisse vorab sind nicht notwendig. Die im Aufbau befindliche Schule steht in der Trägerschaft der Evangelischen Jugendhilfe St. Johannis Bernburg und ist dazu als Ganztagsschule konzeptioniert. Die Grundschule soll mit dem Schuljahr 2005/2006 ihren Betrieb aufnehmen. Vorübergehend wird sie in der Hugo-Junkers-Allee 54a ihr Domizil haben, bis das Haus in der Peter-Paul-Straße saniert ist. Die Finanzierung erfolgt über Elternbeteiligung.

Eröffnung 1.8.2005: H.-Junkers-Allee 54a, später Peter-Paul-Straße 34, MD-Alte Neustadt, Tel: 607 80 20, www.stejh.de, Allgemeinbildende Schule für Klassen 1 bis 4

4 Internationale Grundschule Pierre Trudeau

Die Grundschule Pierre Trudeau besteht seit August 2000. Träger für die Halbtagsgrundschule ist der Verein ECOLE e.V. Die Schüler werden hier in Deutsch und Französisch ausgebildet. Die Unterrichtsstunden entsprechen der Stundentafel einer staatlichen Schule, einige Fächer werden in Französisch unterrichtet. Ziel ist ein spontaner und ungefilterter Umgang mit der Fremdsprache. Das Hauptaugenmerk wird zunächst auf die korrekte Aussprache gelegt, da sie ein wichtiges Element der

FREIE WALDORF-SCHULE: In den Werkstätten der Schule wird ab der 5. Klasse Handwerk in den Bereichen Holzbearbeitung, Metallbearbeitung, Arbeit am Stein oder wie hier am Webstuhl unterrichtet.

kommunikativen Leistungsfähigkeit darstellt. Daher wird dieser Unterricht grundsätzlich von Muttersprachlern erteilt. Die Kinder sollen ein Sprachgefühl entwickeln, das es ihnen ermöglicht, von der Fremdsprache spontan und ohne Sprachhemmung Gebrauch zu machen. Sie sollen das Fremdsprachenlernen erlernen. Zu den pädagogischen Ansätzen gehört ein offener Unterricht, der neue Methoden aus der Reformpädagogik und altbewährte Methoden vereint, z. B. Werkstattunterricht, Wochenplanarbeit, Freiarbeit und Projektunterricht. Da die Kinder die Lerninhalte beidsprachig beherrschen, ist ein Wechsel an eine konventionelle Grundschule, der etwa aufgrund eines Wohnortwechsels nötig wird, problemlos möglich. Die Schule hat ihren Standort im Milchweg, nach Differenzen mit der Stadt ist ein Wegzug nach Barleben aber vieldiskutiert.

Milchweg 45, MD-Nord, Tel: 2 44 97 97, www.ecole-ev.de

5 St.-Mechthild-Grundschule

Die katholische St.-Mechthild-Grundschule eröffnete 1999 und ist anerkannte Ersatzschule in der Trägerschaft des Bischöflichen Ordinariats. Anfangs befand sich die Schule neben der Sebastianskirche in der Altstadt, 2003 wurde der Umzug in den architektonisch gelungenen Neubau in der Nachtweide vollzogen. Im Mittelpunkt des Unterrichts steht das Kind und dessen ganzheitlich-personale Bildung und Erziehung auf der Grundlage des christlichen Menschenbildes. Nach dem pädagogischen Konzept des Marchtaler Plans wird Wert auf eine pädagogisch begründete Rhythmisierung des Schultages gelegt: eine strukturierte, dem Kind angemessene und Halt gebende Zeiteinteilung. Die Schule ist ausdrücklich ökumenisch orientiert – also offen für alle Christen.

Nachtweide 76, MD-Neue Neustadt, Tel: 5410460, www.st-mechthild-grundschule.de

DREISPRACHIGE GRUNDSCHULE: im August 2005 eröffnet in der Alten Neustadt (Peter-Paul-Straße) die in Freier Trägerschaft befindliche Dreisprachige Grundschule

6 Evangelische Grundschule

Die evangelische Grundschule ist Magdeburgs jüngstes genehmigtes Ersatzschulkonzept und hat seit 2002 ihren Schulbetrieb als Ganztagsschule aufgenommen. Träger der Schule ist der Verein evangelische Grundschule Magdeburg e.V. Die Bildungsarbeit orientiert sich dabei an christlichen Wertvorstellungen, Schulschwerpunkt ist die musisch-künstlerische Förderung.

Wilhelm-Külz-Straße 1, MD-Stadtfeld, Tel: 66 28 06, www.ev-grundschule-md.de

Ersatzschulen im Stadtgebiet

Schulangelegenheiten von A-Z

Mit den Vorbereitungen zum bevorstehenden Anfang des Schulunterrichts beginnen für viele Eltern die Sorgen erst richtig. Wo einschulen, wie Einfluß nehmen und was ist, wenn der Sprößling nicht zurechtkommt wie erhofft?

Anmeldung zur Einschulung

Alle Kinder, die bis zum 30. Juni das sechste Lebensjahr vollenden, werden mit Beginn des folgenden Schuljahres schulpflichtig. Kinder, die bis zum 30. Juni das fünfte Lebensjahr vollenden, können auf Antrag der Erziehungsberechtigten mit Beginn des Schuljahres in die Schule aufgenommen werden – so heißt es im Schulgesetz. Die Kinder sind vor der Einschulung in der Grundschule des Schulbezirkes anzumelden. Dazu ist das Kind persönlich vorzustellen und die Geburtsurkunde vorzulegen. Der Schulleiter entscheidet dann über die Aufnahme oder Zurückstellung. Auskünfte über die Zuordnung der Straßen zu Schulen (Schulbezirk) sind beim ☞ Sport- und Schulverwaltungsamt erhältlich.
Tag der Einschulung ist jeweils samstags, am 20.8.2005, 26.8.2006, 18.8.2007 usw....
Kinder, bei denen ein sonderpädagogischer Förderbedarf besteht, werden der Schulbehörde gemeldet. Sie leitet das Verfahren zur Feststellung des Förderbedarfs ein. Bei Feststellung eines solchen können Eltern die Beschulung an einer Förderschule oder im gemeinsamen Unterricht an einer Regelschule beantragen. Auskünfte erteilt das ☞ Landesverwaltungsamt.

Allgemeine Angelegenheiten

Eltern sollten sich grundsätzlich bei allen Schulangelegenheiten zunächst an den Klassenleiter bzw. die Schulleitung wenden. Kann die Angelegenheit nicht geklärt werden, besteht die Möglichkeit sich an das jeweilige Amt als die Aufsichtsbehörde, das Landesverwaltungsamt oder das Sport- und Schulverwaltungsamt, zu wenden.

Sport- u. Schulverwaltungsamt

Amt der Stadtverwaltung, das die Pflichten des Schulträgers wahrzunehmen hat. Aufgabe des Schulträgers (das gilt natürlich auch für alle Freien Träger) ist es, das Schul-

EINSCHULUNG: ABC-Schützen der Grundschule Hegelstraße lernen am Tag ihrer Einschulung in ihrer ersten Unterrichtsstunde, wie sie ihre Schulmappe packen.

angebot und die Schulanlagen im erforderlichen Umfang vorzuhalten, auszustatten oder aufzuheben. Hier werden u.a. folgende Angelegenheiten bearbeitet:

- *Antrag auf kostenlose Schülerbeförderung (Schülerjahreskarte)*
- *Antrag auf Schülerbeförderung behinderter Kinder*
- *Antrag auf Schadenersatz (Schülersachschaden)*
- *Fragen zur Schulwegsicherung*
- *Fragen zu Schuleinzugsbereichen und zur Schulentwicklungsplanung*

Sport- und Schulverwaltungsamt, Virchowstraße 4, MD-Altstadt, Tel. 540 30 01, www.magdeburg.de

ZEUGNISSE: die Ausgabe der halbjährlichen „Giftzettel" ist für Schüler und Eltern gleichermaßend aufregend

Landesverwaltungsamt

Das Landesverwaltungsamt ist die untere und das Kultusministerium die obere Schulbehörde. Mit folgenden Angelegenheiten können sich Eltern u.a. an das Landesverwaltungsamt wenden:

- *Antrag auf Beschulung außerhalb des Schulbezirkes*
- *Antrag auf Beschulung in einer Sonderschule oder auf gemeinsamen Unterricht (Integration)*
- *Fragen zur Aufsichtspflicht*
- *Beratung durch Schulpsychologen*
- *Fragen zu Schulabschlüssen, Schullaufbahnen, Zensierung, Versetzung, Unterrichtsausfall*

Landesverwaltungsamt, Abteilung 5 Schule, Olvenstedter Straße 1-2, MD-Stadtfeld, Tel. 567-0

Förderschulen

Folgende Förderschulen gibt es in Magdeburg: Schule für Körperbehinderte, Schule für Lernbehinderte, Sprachheilschule, Schule mit Ausgleichsklassen, Schule für Geistigbehinderte.
Schulen für Sehbehinderte, Blinde, Schwerhörige und Gehörlose befinden sich außerhalb der Stadt Magdeburg. Auskünfte dazu erteilt das ☞ Landesverwaltungsamt.

Schülerfahrkarten

Unter bestimmten Voraussetzungen können Schüler vom Träger der Schülerbeförderung (die Stadt Magdeburg) gem. § 71 Schulgesetz kostenlose Schülerjahreskarten erhalten. Diese Voraussetzungen sind: Der Schüler besucht die Schule des festgelegten Schulbezirkes, soweit es sich um eine Grund- oder Sekundarschule handelt (vgl. Schulgesetz § 41) und der kürzeste sichere Fußweg von der Wohnung bis zur Schule beträgt bei Schülern der Klassen 1 bis 6 mehr als 2,0 km, der Klassen 7 bis 10 mehr als 2,5 km.

Sport- u. Schulverwaltungsamt, Tel. 5403001

Stadtelternrat (STER)

Der Stadtelternrat berät Fragen, die für die Schulen der Stadt von besonderer Bedeutung sind. Er muß vom Landesverwaltungsamt und vom Sport- und Schulverwaltungsamt gehört werden, z.B. bei Fragen zur Schulentwicklungsplanung oder zur Ausgestaltung von Schulanlagen u.a.m. Auf seine Fragen sind ihm die notwendigen Auskünfte zu erteilen und rechtzeitig Gelegenheit zur Stellungnahme und zu Vorschlägen zu geben. Der Stadtelternrat hat 32 Mitglieder und wird alle 2 Jahre gewählt.

STER, Geschäftsführende Stelle über Sport- und Schulverwaltungsamt, Virchowstraße 4, MD-Altstadt, Tel. 540 30 01, e-mail: rathmann@sva.magdeburg.de

GRUNDSCHULE: Schüler und Schülerinnen der Klasse 2 der Erich Kästner Schule in Magdeburg beim Unterricht

Weiterführende Schulen

(Sekundarschule, Gesamtschule und Gymnasium)

Die Erziehungsberechtigten wählen gemäß § 34 Schulgesetz den Bildungsgang für ihre Kinder aus. Die Aufnahme in weiterführende Schulen erfolgt in der Regel nach dem 4. Schuljahrgang mit dem Formular Schullaufbahnerklärung auf Grundlage der Schullaufbahnempfehlung, nach dem 6. oder 8. Schuljahrgang auf Antrag der Erziehungsberechtigten. Die Anmeldung erfolgt direkt in der jeweiligen Schule für:

a) Gesamtschulen (Schuleinzugsbereich ist die Stadt Magdeburg)

- *Integrierte Gesamtschule (IGS) „Willy Brandt", Westring 30, MD-Stadtfeld, www.igswb-md.de*
- *Integrierte Gesamtschule (IGS) „Regine Hildebrandt", Pablo-Neruda-Straße 10, MD-Neustädter See, www.igs-md.de*

b) Schulen mit inhaltlichem Schwerpunkt (und notwendiger Aufnahmeprüfung)

- *Werner-von-Siemens-Gymnasium, Schule mit mathematisch-naturwissenschaftlich-technischem Schwerpunkt, Pablo-Neruda-Str. 13, MD-Neustädter See, www.siemens.md.st.schule.de*
- *Sekundarschule „Hans Schellheimer", Sportschule, Friedrich-Ebert-Straße 51, MD-Cracau*
- *Sportgymnasium Magdeburg, Friedrich-Ebert-Straße 16, MD-Cracau, www.sportgymnasium-magdeburg.de*

c) Gymnasien in freier Trägerschaft

- *Ökumenisches Domgymnasium, Hegelstr. 5, MD-Altstadt, Tel. 598030*
- *Norbertusgymnasium, Nachtweide 77 MD-Neue Neustadt, Tel. 244500*

Ganztagsschulen

Ganztagsschulen arbeiten nach einem speziellen Schulkonzept für eine ganztägige Erziehungs- und Bildungsarbeit. In Magdeburg gibt es z.Z. neun Ganztagsschulen:

- *Grundschule „Lindenhof", Neptunweg 11, MD-Reform*
- *Sekundarschule „J. W. v. Goethe", Helmstedter Str. 42, MD-Sudenburg*
- *Sekundarschule „Lea Grundig", Gneisenauring 34, MD-Olvenstedt*
- *Sekundarschule „Wilhelm Weitling", St.-Josef-Str. 83, 39130 Magdeburg*
- *Sekundarschule „H. Schellheimer", Friedrich-Ebert-Straße 51, MD-Cracau*
- *Sportgymnasium, Friedrich-Ebert-Str. 16, 39114 Magdeburg, www.sportgymnasium-magdeburg.de*
- *Integrierte Gesamtschule (IGS) „Willy Brandt", Westring 30, MD-Stadtfeld, www.igswb-md.de*
- *IGS „Neustädter See", Pablo-Neruda-Straße 10, 39126 Magdeburg*
- *Sekundarschule „Thomas Müntzer", Umfassungsstr. 76a, MD-Neue Neustadt*

höhere Schulbildung/ Gymnasien

Neuerdings stehen in Sachsen-Anhalt die Schülerinnen und Schüler nach 13 Schuljahren vor einem Zentralabitur.

Sportgymnasium Magdeburg
Sportlich aktive und erfolgreiche Abiturienten zeigen immer wieder, daß es möglich ist, neben der anspruchsvollen sportlichen Laufbahn allen Anforderungen der Schule zu entsprechen.

Friedrich-Ebert-Straße 16, MD-Cracau, Tel: 81828-11, www.sportgymnasium-magdeburg.de

Internatsschule Hadmersleben
Das Internat Hadmersleben ist eine Begabtenschule in freier Trägerschaft. Es ist eine staatlich anerkannte Ersatzschule und hat gegenwärtig ca. 120 externe und interne Schülerinnen und Schüler. Im Programm sind auch betreute Wochenenden mit Freizeitgestaltung und samstäglichem Förderunterricht. Das monatliche Schulgeld für das Komplettprogramm (Unterkunft, Unterricht, Hausaufgabenbetreuung, Förderunterricht, tägliche Lernstunde usw.) beträgt selektive 1550 €.

Planstraße 36, 39398 Hadmersleben, Tel: (03 94 08) 9 31 02

Ferientermine in Sachsen-Anhalt

Schuljahr 2004/2005

Ferien	Erster Ferientag	Letzter Ferientag
Herbstferien	18.10.2004	23.10.2004
Weihnachtsferien	22.12.2004	31.12.2004
Winterferien	07.02.2005	19.02.2005
Osterferien	29.03.2005	02.04.2005
Pfingstferien	17.05.2005	21.05.2005
Sommerferien	07.07.2005	17.08.2005

Schuljahr 2005/2006

Ferien	Erster Ferientag	Letzter Ferientag
Herbstferien	17.10.2005	22.10.2005
Weihnachtsferien	23.12.2005	05.01.2006
Winterferien	16.02.2006	25.02.2006
Osterferien	18.04.2006	22.04.2006
Pfingstferien	26.05.2006	02.06.2006
Sommerferien	13.07.2006	23.08.2006

Schuljahr 2006/2007

Ferien	Erster Ferientag	Letzter Ferientag
Herbstferien	23.10.2006	30.10.2006
Weihnachtsferien	22.12.2006	05.01.2007
Winterferien	15.02.2007	24.02.2007
Osterferien	10.04.2007	14.04.2007
Pfingstferien	18.05.2007	25.05.2007
Sommerferien	05.07.2007	15.08.2007

Schuljahr 2007/2008

Ferien	Erster Ferientag	Letzter Ferientag
Herbstferien	15.10.2007	20.10.2007
Weihnachtsferien	21.12.2007	04.01.2008
Winterferien	09.02.2008	16.02.2008
Osterferien	25.04.2008	28.04.2008
Pfingstferien	13.05.2008	23.05.2008
Sommerferien	17.07.2008	27.08.2008

Schuljahr 2008/2009

Ferien	Erster Ferientag	Letzter Ferientag
Weihnachtsferien	21.12.2008	04.01.2009
Winterferien	02.02.2009	09.02.2009
Osterferien	17.03.2009	20.03.2009
Pfingstferien	13.05.2009	23.05.2009
Sommerferien	10.07.2009	22.08.2009

Sommerferien 2009 und 2010

Sommer 2009: 25.06.2009 bis 05.08.2009
Sommer 2010: 24.06.2010 bis 04.08.2010

Kreativität und Lernen

Jedes Kind hat seine besonderen Fähigkeiten, seine eigene Kreativität. Sie gemeinsam zu entdecken und behutsam zu fördern, kann zu einer ausfüllenden Aufgabe werden.

Musikalische Frühförderung

Konservatorium Georg Phillip Telemann

Zu den ständigen Ausbildungsangeboten des Konservatoriums gehört die „Musikalische Elementarausbildung“, einmal als Musikalische Früherziehung (4-7 Jahre) oder als Musik-Bewegung-Seitenspiel (5-7 Jahre) für die Kleinen. Die Ausbildung erfolgt als Gruppenunterricht in ein- und zweijährig angelegten Kursen. Die Gruppen treffen sich einmal wöchentlich, pro Jahr zahlt man derzeit 144 Euro Grundgebühr. Die Kurse sind nicht notwendigerweise Voraussetzung für die spätere Instrumentenausbildung.

Breiter Weg 110, MD-Altstadt, Tel: 5406861 oder 5406864, Öffnungszeiten: Mo-Fr 8-12 Uhr und 14-16 Uhr

Musikgarten

Der Musikgarten lädt Babys und Kleinkinder bis 4 Jahre und deren Eltern zum gemeinsamen Musizieren ein. Im Vordergrund der Arbeit steht die musikalische Wechselbeziehung zwischen dem Kleinkind und dem Erwachsenen, ganz nach dem Motto „Wenn Eltern vorsingen, ist das der stärkste Anreiz“. Kursbeginn ist jeweils im Februar und im August. Die Kurse finden im CVJM, Tismarstraße 1-2 in Stadtfeld statt.

Musikgarten in Magdeburg, Musikpädagogin Bettina Grünemeyer, Tel. 253 31 20 www.musikgarten-md.de

Musikland Olaf Scholtz

Die musikalische Früherziehung im Musikland ist in drei Teilbereiche gegliedert: zum ersten die Vorbereitungsklasse, in der je 3 Kinder und 3 Elternteile mit dem Lehrer die Freude an der Musik entdecken. Zum zweiten das Musikalische Spiel, bei dem Gruppen bis 10 Kinder selbständig die freie Improvisation um ein musikalisches Thema üben. Ausbildungsziel ist die musikalische Früherziehung nach dem Lehrplan für Musikschulen. (siehe Musikausbildung)

Max-Otten-Straße 1, MD-Altstadt, Tel: 5620207, Mobil: 0177-777 22 11, musikalisches Spiel (10 Monate) 120 Euro, musikalische Früherziehung 120 Euro/Halbjahr

MUSIKGARTEN MAGDEBURG: Babys und Kleinkinder bis 4 Jahre und deren Eltern musizieren gemeinsam. Im Vordergrund der Arbeit steht dabei die Wechselbeziehung zwischen Kleinkind und dem Erwachsenen

Sax'n Anhalt Musikschule

Die Sax'n Anhalt Musikschule von Saxophonist Uli Hase beginnt mit einem Krabbelkinderprogramm, das für Kinder ab 1 ½ Jahren in Begleitung eines Elternteils angelegt ist. In Gruppen von etwa 10 Kindern lernen diese spielerisch und ohne Leistungsdruck Klänge und Rhythmen kennen. Das gemeinsame Singen und Spielen fördert darüber hinaus die Sprachentwicklung. Vor allem: Es macht einen Riesenspaß. Das Programm „Wunderland Musik“ ist dagegen für Kinder ab 4 Jahren gedacht. In diesem Alter beginnen sie, im Spiel die Erwachsenenwelt nachzuahmen. Das Programm nimmt diese Neigung zum spielerischen Lernen auf.

Olvenstedter Graseweg 26, MD-Neustädter Feld, Tel: 2 52 93 75, Mail: maya.sax_n anhalt@t-online.de

Yamaha Musikschule

„Krabbelkinder mit Musik“ heißt das musikalische Frühprogramm für Kinder von 18 Monaten bis 4 Jahren. Singen, Tanzen, Bewegungsspiele, Hören und Musizieren – in

GORDONS ROCKSCOOL: bei Gordon Trümper an der Halberstädter Straße werden kleine Nachwuchsrocker ausgebildet. Allen voran der erfolgreiche eigene Nachwuchs wie Devilish-Gitarrist Tom, auch wenn der musikalisch längst auf eigenen Füßen steht

Gruppen von 8-12 Kindern und je einem Elternteil sollen spielerisch die musikalischen, kreativen und sozialen Anlagen gefördert werden. Das zweite Programm, „Hörbie und Tönchen erleben Musik", ist für Kinder zwischen 4 und 6 Jahren gedacht. In Gruppen von 8-10 werden die Kinder auf spielerische Weise an die Musik herangeführt. Dabei wird der Unterricht durch eine Vielzahl von Elementen wie Singen, sich bewegen, Musik hören und spielen abwechslungsreich gestaltet.

St.-Michael-Str. 3-4, MD-Sudenburg, Tel: 601355, www.yamaha-musikschule.de, Krabbelkinder 30min/Wo 22 Euro/Mt, Kindermusikschule 45 min/Wo 30 Euro/Mt

KONSERVATORIUM GEORG PHILLIP TELEMANN: am städtischen Konservatorium werden Musikschüler seit über 50 Jahren auf klassischen Instrumenten ausgebildet. So wie der 11-jährige Moritz, der hier das Spielen auf der Geige lernt

Gordons Rockscool

Inhaber Gordon Trümper hat schon in verschiedenen Bands gespielt, aktuell ist er Gitarrist bei der Hardrock-Kapelle Tizz. Wer hier jung anfängt, möchte meist über kurz oder lang den Rock'n'Roll in der Gruppe spielen. Die Kurse werden nach Fähigkeiten und Vorlieben individuell gestaltet. Grundsätzlich wird weniger Wert auf Notenkunde gelegt, ganz nach der Erkenntnis: Harmonielehre, Rhythmusgefühl und Improvisationsfähigkeit sind wichtiger. Das Grundpaket für Anfänger heißt ready 2 start und beinhaltet 2 Stunden im Monat.

Halberstädter Str. 119, MD-Sudenburg, Tel: 0172-31 74 110; Gitarre, Bass, Schlagzeug, 59 €/Monat bei 1h/Wo, www.rockscool.de

Gotthard Laser

Gotthard Laser ist Mathematiker und Musikpädagoge. Er unterrichtet seit Jahren Gitarre für Kinder, Jugendliche und Erwachsene. Unterricht in der Regel ab 14.30 Uhr in Einzel- und Zweiergruppen.

Klewitzstr. 3, MD-Südstadt, Tel: 610 60 91, E-mail: lasergitarre@aol.com

Konservatorium Georg Philipp Telemann

Auf mehr als 50 Jahre Bestand blickt das städtische Konservatorium zurück. Als Volksmusikschule wurde sie mit 95 Teilnehmern 1954 gegründet, heute lernen hier gut 2.200 Schüler. Am Anliegen der Musikausbildung hat sich in den Jahren nichts geändert. Die musikalische Grundausbildung beginnen Kinder im Schnitt zwischen 6 und 9 Jahren (siehe auch Frühförderung), anschließend folgt das Instrumentenkarussell, eine Vorstellung der verschiedenen Instrumente (ab 6-10 Jahre). Das klassische Ausbildungsprogramm umfaßt die Streichinstrumente (z.B. Violine, Violoncello, Kontrabass), Blasinstrumente (z.B.

Flöten, Oboe, Klarinette, Saxofon, Trompete, Posaune, Tuba), Zupfinstrumente (Gitarre, Mandoline, Mandola, Harfe), Tasteninstrumente (Klavier, Digitalpiano, Orgel, Cembalo, Akkordeon), Schlaginstrumente (Schlagwerk, Pauken, Xylofon, Becken) und die Gesangsausbildung. Daneben bestehen mehrere Chöre (Spatzenchor, Kinderchor, Opernkinderchor) und Klangkörper, von der Bigband zum Zupf- und Jugendsymphonieorchester. Der Jazz-Rock-Pop-Bereich des Konservatoriums hat seinen Sitz in Stadtfeld hinter der Gieselerhalle. Ausgebildet wird in Gesang, E-Gitarre, Bassgitarre, Saxofon, Trompete, Posaune, Drumset, Perkussionsgruppe, Klavier und Keyboard. Für beliebte Instrumente kommt es immer wieder zu Wartelisten, rechtzeitiges Anmelden ist wichtig. Das Ausbildungsjahr ist dabei identisch mit dem Schuljahr.

Breiter Weg 110, MD-Altstadt, Tel: 540 68 61, Mo-Fr 8-12 Uhr u 14-16 Uhr, Einzel 25 Min/Woche 28 Euro/Monat, 50 Min/Woche 36 Euro/Monat; zu zweit halbe Summe, www.magdeburg.de/info/konservatorium

Magdeburger Rock-, Pop- und Jazz-Schule

Sie ist die einzige Musikschule Magdeburgs, die das in Bezug auf Ausbildung und Größe deutschlandweit anerkannte Qualitätszertifikat einer Yamaha-Musikschule führen darf. Geleitet wird die Schule von dem in mehreren Bandprojekten (u.a. Jazzfresh) erfolgreichen Berufsmusiker Guido Käpernick. Im Kinder- und Jugendbereich wird in klassischen Fächern wie Blockflöte, Klarinette, Oboe oder Klavier, aber auch auf Instrumenten der Rock- und Jazzmusik wie Saxophon, Gitarre, Baßgitarre, Schlagzeug oder Keyboard ausgebildet. Das Gruppen-Programm heißt „Fun Key Kids". Regelmäßige Schulkonzerte sind darüber hinaus ein wichtiger Anreiz, als Solist oder Ensemblespieler Erfahrungen zu sammeln.

St.-Michael-Str. 3-4, MD-Sudenburg, Tel: 601355, Einzel 30 min/Woche 44 €/Monat, 45 min/Wo 65 €, Gruppenunterricht 60 min/Wo ab 36 €/Monat, www.yamaha musikschulemagdeburg.de

KONSERVATORIUM GEORG PHILLIP TELEMANN: der dominante Musikschul-Neubau im Nordabschnitt des Breiten Weges beherbergt seit 2001 die gesamte klassische Musikausbildung und verfügt dazu über einen kleinen Konzertsaal

SCHALLIMUVI: Der Musikpädagoge Bernd Schallenberg gibt privaten Instrumentalunterricht für die Fächer E-Gitarre, Konzert-Gitarre, Keyboard und wie hier – für das Klavier

Musikschule Fröhlich

Die Musikschule gehört zum größten privaten Musikschulnetz Deutschlands, ein Franchise-Konzept mit 25 Jahren Erfahrung und über 500 Partnern bundesweit. Die Magdeburger Musikschule wird von Frank und Ilona Müller geleitet. Ausgebildet wird am Akkordeon und an der Melodika. Dafür wird ein gut 10-monatiger Testkurs für Kinder von 6 bis 11 Jahren angeboten. Es werden Noten erlernt und die Kinder sind in der Lage, nach kurzer Zeit kleine Melodien zu spielen. ein spezielles Tasteninstrument, das in einer weiterentwickelten Version mit Anblashilfe zur Erleichterung des Lernens eingesetzt wird. Wer sein Instrument beherrscht, kann auch im hauseigenen, sehr auftrittsfreudigen Orchester Elbharmonikas mitspielen.

Frank und Ilona Müller, Im Rennegarten 20a, MD-Olvenstedt, Tel: 722 73 80

Musikland Olaf Scholtz

Der Musiklehrer Olaf Scholtz hat einst selbst als Siebenjähriger mit Flöte und Klavier begonnen, nach einem Studium in Leipzig kann er heute auf zwanzig Jahre Musikunterricht zurückblicken. In seinem Musikland wird in den Fächern Rhythmik, Trompete, Klavier, Keyboard, Flöte und Schlagzeug unterrichtet. Am Anfang der Ausbildung steht das Instrumentenkarussell, Gruppen von 6-10 Kindern lernen erste Schritte mit den Instrumenten und haben Rhythmuslehre – ideal, wenn Kindern Musik Spaß macht, sie sich aber noch nicht entscheiden können. Ein Ausdruck für die Qualität der 1996 gegründeten Musikschule ist die bestehende Schülerwarteliste, eine perspektivische Anmeldung empfiehlt sich deshalb.

Max-Otten-Str. 1, MD-Altstadt, Tel: 5620207, mobil: 0177-777 2211, Gruppe (45 min/Wo) 180 €/Halbjahr, Einzel 25 min/Wo 240 €/Halbjahr, Einzel 45 min/Wo 480 €/Halbjahr

Musik–Treff–Punkt

Seit 1990 bietet die Musikschule von Thomas Steinhoff kompetente Musik-Ausbildung für Kinder und Erwachsene. Gelehrt wird Blockflöte, Querflöte, Gitarre, Klavier und Akkordeon. Der Unterricht findet in kleinen Lerngruppen, als auch in Einzelausbildung statt. Bei Neuverträgen gelten 6 Wochen Probezeit, in denen die Kinder ihre Neigung herausbekommen können. Eine individuelle Beratung kann täglich 14-20 Uhr vereinbart werden.

Lübecker Str. 22a (Nicolaiplatz), MD-N. Neustadt, Tel: 2523480, www.jonnyb-music.de

Musikschule Cracau

Die Zeiten, da Hans-Jürgen Glöckner als Bassist und Bandleader der DDR-Rockband Condor die Saiten schrammelte, sind einige Tage her, seit 1990 betreibt er in Cracau erfolgreich ein Musikaliengeschäft mit zugehöriger Musikschule. Die ist zusammen mit Proben- und Übungsräumen in seinem „Haus der Musik" in der Burchardstraße angesiedelt. Kinder ab 6 Jahren können hier Instrumente von Klassik bis Moderne erlernen: Klavier, Keyboard, Schlagzeug und natürlich Gitarre. Musiziert wird im Einzelunterricht bzw. in kleinen Gruppen, durch das Musikcenter ist außerdem eine erstklassige Ausrüstung während des Unterrichts gesichert.

Burchardstr. 21, MD-Cracau, Tel: 811 11 04, Gruppe 28 €/mon., Einzel 58 €/mon.

Sax'n Anhalt Musikschule

Die Musikschule von Uli Hase ist eng mit dem gleichnamigen Sax'n Anhalt Orchester verknüpft. Geboten werden Kurse für Drums, Bassgitarre, Gitarre, Gesang, Keyboard und natürlich das Saxophon. Begonnen wird in der „Kindermusikschule" im Alter von 4-6 Jahren, günstig in Begleitung eines Elternteils. Normale Gruppenstärke: 6-8 Kinder.

Olvenstedter Graseweg 26, MD-Olvenstedt, Tel: 2529375, www.yamaha-musikschule.de

SchalliMuVi

Der Musikpädagoge Bernd Schallenberg gibt Instrumentalunterricht für E- und Konzert-Gitarre, Klavier und Keyboard und lehrt musikalische Improvisation. Der Unterricht ist mit musiktheoretischen Inhalten gemischt. Ein Kind sollte dazu mindestens 9 Jahre alt sein. Es wird Einzelunterricht (Instrument) und Gruppenunterricht 3-5 Schüler (Rhythmus, Improvisation) gegeben. Der Unterricht kostet für 45 min/ Woche im Monat 50 Euro.

Große Diesdorfer Str. 178, MD-Beimssiedlung, Tel: 543 26 74, Mobil: 0163-2603748, musik@schallimuvi.de, Mo-Fr 9-17 Uhr

Schmitz Top Unterricht

Manfred Schmitz ist herumgekommen in der Welt. Der Profi-Musiker hat mit allen Großen dieser Welt Musik gemacht. 1994 zog ihn die Liebe von Berlin nach Magdeburg. Er unterrichtet seither als Musiklehrer, seit 2002 in seiner eigenen Musikschule in Cracau. Im Lehrprogramm sind Konzert- und E-Gitarre, im Einzelunterricht oder zu zweit. Aufnahme ab 6 Jahren und ohne Vorkenntnisse möglich, wer will, kann hier selbst einen Hochschulabschluß erreichen.

Friedensauer Weg 28, MD-Cracau, Tel: 811 13 61

J. Willweber

Musikstudentin mit diplompädagogischen Abschluß im Fach Querflöte und entsprechender Unterrichtserfahrung erteilt Einzelunterricht in Klavier und Querflöte. Eigenes Instrument ist Voraussetzung.

Brunnerstraße 9c, MD-Sudenburg, Tel: 0160-913 621 65, 30min/11 €, 45min/17 €

Roland Dienemann

Der Musikpädagoge gibt individuellen Unterricht auf der Gitarre. Gelehrt wird Rock, Pop und Jazz, sowohl für Anfänger als auch Fortgeschrittene. Eigenes Instrument ist Voraussetzung. Einzelunterricht 50min/Woche kostet 60€/Monat.

Thiemstr. 13, MD-Buckau, Tel: 586 94 08 oder 0179-777 05 99, 50min/60 €, roland.dienemann@gmx.de

Christina Stojantschew

Die Diplommusikerin erteilt Unterricht in den Fächern Quer-, Block- und Panflöte sowohl im Einzel als auch in der Gruppe (max.4 Schüler). Als Mindestalter empfiehlt sie für die Blockflöte 5 Jahre und 7 Jahre für Quer- und Panflöte.

Steinigstr. 8, MD-Stadtfeld, Tel: 731 34 44, Einzel 45 min/18 €, Einzel 30 min/12,50 €, www.instrumental-unterricht.de

KLEINER TROMPETER? Welches Instrument ist für das eigene Kind das richtige, steht als Frage am Beginn aller Musikausbildung. Ideal ist das sogenannte Instrumentenkarussell (Konservatorium), bei dem Kinder frei ihre Neigungen ausprobieren können.

MAGDEBURGER KNABENCHOR: der 1985 von Frank Satzky gegründete Knabenchor singt weltliche und geistliche Chorwerke und ist viel auf Tournee – bis in die europäischen Nachbarstaaten hinein.

Chöre und Orchester

Magdeburger Knabenchor e.V.

1985 durch Frank Satzky gegründet, entwickelte sich der Chor zu einem heute aus Knaben und jungen Männern bestehenden Konzertchor. Anknüpfend an die jahrhundertealte Tradition Magdeburger Knabenchöre widmet er sich der Pflege weltlicher und geistlicher Chorwerke, die in den wöchentlichen Chorproben und der jährlich stattfindenden Chorfreizeit erarbeitet werden. Wer mindestens 5 Jahre alt und Spaß am Singen hat, kann mitmachen. In einem eigens dafür geschaffenen „Nachwuchschor" wird man auf den Auftrittschor vorbereitet. Der ist viel unterwegs: Chorfreizeiten, Konzerte sowie Konzertreisen (bisher unter anderem nach Österreich, Belgien, Niederlande und Russland)

Anschrift: Wilhelm-Kobelt-Str. 35, MD-Stadtfeld, Tel: 7 33 81 12, Treff: Do 16-16.45 Uhr, Grundschule Annastr. (Nähe Pauluskirche)

Kinder- und Jugendchor MD

Bei seiner Gründung 1955 hieß er noch Zentraler Pionier- und FDJ-Chor, seit 1991 ist der Kinder- und Jugendchor an das Hegel-Gymnasium angegliedert. Interessierte Mädchen und Jungen können im Alter von 9-11 Jahren Mitglied werden. Zweimal pro Woche erhalten die Kinder eine fundierte Ausbildung. Ab dem 7. Schuljahr können sie in die Chorklassen des Gymnasiums aufgenommen werden. Das Repertoire umfaßt Kinder- und Jugendlieder, Folklore vom italienischen Wiegenlied bis zum Spiritual, sowie Chorliteratur alter Meister. Besonderes Anliegen ist es, Werke von Georg Philipp Telemann zu Gehör zu bringen. Der Chor erzielte bereits große Erfolge bei Wettbewerben und mit Auslandskonzerten in Italien, Tschechien oder Belgien.

Kontakt über Hegel-Gymnasium, Geißlerstraße 4, MD-Altstadt, Tel: 5 36 17 11

Fanfaren-Orchester Magdeburg e.V.

Das Fanfarenorchester besteht aus Kindern, Jugendlichen und Erwachsenen. Das Mindestalter ist 9 bis 10 Jahre, Vorkenntnisse sind nicht notwendig, aber ohne Liebe zur Musik geht nichts. Die Instrumentierung aus Trompeten, Hörnern, Posaunen, Tuben und Schlagwerk entspricht der einer Brass-Band. Ansonsten wird traditionelle Marsch-, Blas- und Unterhaltungsmusik gepflegt. Das Orchester ist dazu viel unterwegs – in Sachsen-Anhalt und anderen Bundesländern. Mitglieder zahlen einen Beitrag von 48 € im Jahr.

Anschrift: Schulstr. 16/17, 39179 Barleben, Tel: (03 92 03) 7 58 60, Probe Di/Do und Fr 18-21 Uhr, Berufsschule VI Schilfbreite

Die fröhlichen Elbharmonikas

Aufbauend auf die Ausbildung in der Musikschule Fröhlich (s. S. 120) dürfen Kinder, die die Schülerprüfung Stufe eins bestanden haben, im Akkordeonorchester mitspielen. Dort musizieren jung und alt zusammen. An den Wochenenden kann es auch mal hummelig werden, denn dann stehen immer mal Konzerte auf dem Plan. Höhepunkt sind jährliche Orchesterfahrten.

Musikschule Fröhlich, Tel: 7 22 73 80, Probe (Schulzeit) Do 17.30 Uhr, St. Josef, MD-Olvenstedt, www.elbharmonikas.de

Jugendblasorchester der Stadt Magdeburg e.V.

Der Name führt in die Irre, denn hier spielen 25 Kinder und Erwachsene zusammen. Das Orchester besteht seit 1964 und wird von Harald Weger geleitet. Vorkenntnisse sind gut, aber nicht notwendig. Eintrittsalter ab 7 Jahre (dann noch Rhythmusinstrumente). Geprobt wird wöchentlich in der IGS Westring.

Anschrift: Gübser Weg 16, MD-Birkenweiler, Tel: 0171-1428179, www.jbo-magdeburg.de

Kinderkantorei Pauluskirche

Paulusspatzen und Kinderkantorei heißen die in drei Altersgruppen (4 Jahre bis 3. Klasse) abgestuften Chöre der Paulusgemeinde. In den Proben mit dem Chorleiter Tobias Börgen spielt neben der Erarbeitung der Lieder die spielerische Stimmbildung und musikalische Erziehung eine wichtige Rolle. Die Teilnahme ist für die Kinder kostenfrei.

Pauluskirche, MD-Stadtfeld, Tel: 600 928, Probe Do im Gemeindesaal Goethestr. 28b

KINDER-MUSICAL-SCHULE: Theaterleben für Kinder im Bewegungsstudio Fit2Day. Die hier beheimatete Musical-Schule bildet in einer Kombination aus Tanz, Gesang und Schauspiel aus.

Theater und Tanz

Kinder-Musical-Schule

Das Bewegungs- und Kommunikationsstudio Fit2Day in der Buckauer Porsestraße hat bei seiner Eröffnung 2003 auch die erste private Musical-Schule der Stadt gegründet. Das hört sich groß an, dahinter verbirgt sich ein Kursus für Kinder, bei dem Tanz, Gesang und Schauspiel zu einer künstlerischen Ausbildung vereint werden.

im Fit2Day, Porsestr. 19, MD-Buckau, Tel: 400 64 59, Probe: Do 15-17 bzw. 17-19 Uhr

Kindertheaterclub

Kinder zwischen 6 und 9 Jahren, die ihre ersten Erfahrungen im Theaterspiel machen möchten, können

STEPS DANCECENTER: in der Tanzschule von Andrea Hermann (Text siehe Seite 122) lernen Kinder, ihren Gefühlen durch die Bewegung des ganzen Körpers Ausdruck zu verleihen

ZIELITZER SCHAUSPIELSCHULE: in halbjährigen Kursen erlernen Kinder ab 9 Jahren grundlegende Techniken des Schauspiels und beenden den Unterricht mit einem öffentlichen Vorspiel

beim Theaterkinderclub einsteigen. Vorkenntnisse sind nicht notwendig. Nach einem Jahr Arbeit unter Leitung der Theaterpädagogin Elisabeth Zwingmann zeigen die Kinder eine Präsentation auf der Bühne. Die Teilnahme ist kostenfrei.

theater für junge zuschauer, Jerichower Platz, Probe Do 16.30-17.30 Uhr, Anmeldung unter Tel: 5406338

Theaterjugendclub

Jugend für Jugend heißt es im Theater für junge Zuschauer am Jerichower Platz. Mehrere Theaterjugendclubs unter Gesamtleitung der Theaterpädagogin Katrin Richter proben hier Theater zum Selbermachen. Die Arbeit ist projektorientiert richtet sich an Jugendliche ab 13 Jahren und kommt zum Abschluß als Premiere auf die Bühne. Wer eigene Ideen für Stücke hat oder selbst mal Regie führen möchte, kann bei Eignung auch Teamer werden, also selbst anleiten. Nicht unwahrscheinlich, daß solche Ambitionen später im Beruf des Schauspielers münden.

theater für junge zuschauer, Jerichower Platz, Tel: 5406338, www.freijungwild.de

steps DanceCenter

Im Steps Dancecenter von Andrea Herrmann lernen alle Generationen, ihren Gefühlen durch die Bewegung des ganzen Körpers Ausdruck zu verleihen. In der tänzerischen Früherziehung (4 bis 6 Jahre) lernen Kinder beim spielerischen und improvisatorischen Umgang mit dem Körper vielfältige Ausdrucksmöglichkeiten. Es werden Musikverständnis und Rhythmusgefühl geschult. Ab 7 Jahren wechselt man entsprechend der Entwicklung von Motorik und Ausdrucksfähigkeit zum Kindertanz (Folklore, klassischer oder moderner Tanz). Ab 9 Jahren werden Kinder in spezielleren Tanzrich-

THEATERJUGENDCLUB: für die Mitglieder des Theaterjugendclubs sind es die Bretter, die die Welt bedeuten. Nach gut einem halben Jahr Projaktarbeit findet dann auf eben dieser Bühne die Premiere statt

tungen wie Steptanz, Breakdance oder HipHop ausgebildet.

Westring 6, MD-Stadtfeld, Tel: 731 64 43, Öffnungszeiten: Mo-Do 14-21 Uhr, Fr 14-19 Uhr, Monatsgebühr zw. 25 € (1 Stunde/ Woche) und 48 € (3 Stunden/Woche).

Zielitzer Schauspielschule

Das Holzhaustheater, eine freie Theaterbühne in Zielitz, betreibt auch eine kleine Schauspielschule für Kinder. In mehreren Grundkursen werden Nachwuchsmimen ab 9 Jahren ausgebildet. Schwerpunkte der Ausbildung sind Stimmbildung und Aussprache, Körpersprache, Improvisation und Pantomime. Einmal im Jahr erhalten die Schüler Gelegenheit für ein öffentliches Vorspiel.

Zielitzer Kulturbühne, Lindenweg 19, 39326 Zielitz, Tel: (039 208) 243 97, halbjähriger Kurs 126 €, www.holzhaustheater.de

Folkloreensemble e.V.

Die Tradition des im AMO Kulturhaus aktiven Folkloretanzverein beginnt bereits 1949. Das heutige Tanz-Ensemble verfügt über gut 60 Mitglieder, davon mehrheitlich Kinder und Jugendliche. Die Arbeit findet in vier Gruppen von den Tanzbienen (3-6 Jahre) bis hinauf zur Jugend (12-16) statt. Während die Kleinen in einem Kurssystem Erfahrungen im Umgang mit Musik und Körpersprache sammeln können, tanzen die Größeren klassische Volkstänze wie Kirmes, Polka oder Irish Folk.

Kontakt: Antje Ebel, Tel: 2583911, Proben im AMO Kulturhaus, MD-Buckau, Monatsbeitrag 6 €, www.folklore-ensemble.de

Theaterballettschule

Die Theaterballettschule wurde 1995 von der Ballettdirektorin des Theaters, Irene Schneider, gegründet und hat das Ziel, Kinder und Jugendliche in klassischem Tanz, Jazztanz, modernem Tanz, Rhythmik und Improvisation auszubilden und ein Zentrum der Begegnung mit Künstlern zu sein. Die Ausbildung erfolgt durch erfahrene Tanzpädagogen. In Zusammenarbeit mit dem Theater haben die Schüler außerdem die Möglichkeit in Ballett- und Opernaufführungen mitzuwirken. Austauschgastspiele mit internationalen Ballettschulen und Teilnahme an internationalen Wettbewerben vervollständigen das Programm der Theaterballettschule.

Erich-Weinert-Straße 25 (Hinter dem AMO), MD-Buckau, Tel: 543 85 46, 1 Stunde/Wo 20 €/Monat, jede weitere Stunde: 15 €, www.theaterballettschule-magdeburg.de

TURNIERTANZ: beim Sporttanzen kommt es auf technische Exaktheit an. In der Junioren D Standard tanzen hier Tim Pistorius und Janine Ziemann vom Magdeburger TSC Grün-Rot e.V. bei einem Turnier

Tanzschule Röppnack

2004 feierte die Tanzschule Röppnack ihr 50. Bestehen. Die Angebote für Kinder und Jugendliche haben hier großen Anteil. Das Programm wird von Fachlehrern vermittelt und reicht von KIGA-Kindertanz (3 bis 6) bis zum lizensierten Dance 4 Fans. Dabei werden die Choreographien von Stars wie Madonna oder Justin Timberlake einstudiert. Und man kann bei Kindern schwer angesagte Tanzstile wie Hip Hop und Electric Boogie (ab 8 Jahre) oder Breakdance (ab 7 Jahre) erlernen.

Im Allee-Center, MD-Altstadt, Tel: 5 41 41 41, KIGA-Tanz 25 €/Monat, ABC-Kindertanz 25 €/Monat, www.tanzschule-roeppnack.de

Tanz-Sport-Club Grün-Rot e.V.

Fast fünfzig Jahre ist Magdeburgs ältester Tanzclub alt und 250 Tanzbegeisterte betreiben hier einen

UNIKOM KULTURZENTRUM: hier wird Sprache auf spielerische Weise mit dem Kennenlernen der Kulturen verknüpft. Für Annabelle, Thalia und Noah ist es an diesem Tag die Zeigefingerreise auf dem Globus

anspruchsvollen Sport. Bereits im Kinderbereich wird eine solide Trainingsarbeit geleistet. Ab 5 Jahren geht es los, ab 10 Jahren kann man Turniere tanzen und Freude haben an dynamischen Tänzen wie Boogie, Mambo oder Charleston.

Tel: 722 60 69, Kurse: Mo 16-17 Uhr, Mi 17-18 Uhr, Kosten 10€/Monat, www.gruen-rot.de

Tanzclub „Blau-Silber" e.V

Zweiter großer Tanzclub in Magdeburg, der ebenfalls schon über 40 Jahre alt ist. Ab 5 Jahre können Kinder hier tanzen lernen und Sporttänzer werden, Ansprechpartnerin ist Frau Ahrens.

Tel: 0160-401 55 18, Training Mo 16-18Uhr, Training im Kolping Bildungswerk, Sieverstorstr., MD-Alte Neustadt, Kosten 15€/Monat

Kunst und Sprachen

Freundeskreis Figur&Topf e.V.

„Figur und Topf" ist ein Verein zur Förderung kreativer Tätigkeit mit Sitz im Literaturhaus. Malen, zeichnen, basteln, töpfern oder formen – alles ist möglich und die Töpferarbeiten werden am Ende auch glasiert und gebrannt. Projektunterricht und Kurse finden nach vorheriger Vereinbarung statt.

Kurse im Literaturhaus, Thiemstraße 7, MD-Buckau, Tel: 401 15 81

Jugendkunstschule Haus KLE

Eine verschrobene alte Villa in der Klewitzstraße ist seit 1991 Sitz der kommunalen Jugendkunstschule Haus KLE, die man ohne Übertreibung als einzigartiges Projekt bezeichnen darf. Unter Leitung von Sabine Kaftan und Angela Weidt werden hier Kinder angeregt, ihrer Phantasie in unterschiedlichster künstlerischer Form Ausdruck zu geben. In den verschiedensten künstlerischen Genres – Musik, Bildende und darstellende Kunst – werden differenzierte und altersspezifische Fertigkeiten vermittelt. Die Kurse werden von Fachkünstlern geleitet, das Programm reicht von Malerei und plastischem Gestalten bis zu Grafik und Druck. Ab vier Jahren können Kinder die Malgruppen besuchen. Spannend zum Ausprobieren und hereinschnuppern sind die Werkstattferien und die zum Monatsende veranstalteten Sonntagswerkstätten, ein kreatives Angebot für die ganze Familie.

Klewitzstr. 16, MD-Südstadt, Tel: 621 38 87, Kurse 1 Doppelstunde/Woche 8,20 €/Monat, Werkstattangebote: Erw. 5,20 €, Kind 2,60 € www.puppentheater-magdeburg.de

Fly in2 english

Über Emotion und Fantasie finden Kinder den Eintritt in die Welt einer neuen Sprache. Bereits ab 3 Jahren wird spielerisch durch Mimik, Gestik und mit Tänzen, Liedern und Bewegungsspielen gelernt. Dabei hilft das Maskottchen, der kleine Sternenjunge Angelo, der gemeinsam mit den Kindern lernt. Das Programm ist für mehrere Jahre konzipiert und reicht bis zum Nachhilfeunterricht in der Schule. Inhaberin Kristin Senf hat ihre Schule im September 2003 eröffnet. Zum Unterricht kommen sie auch in die Kindergärten und Schulen. Außerhalb der Einrichtungen werden freie Kurse mit max. 8 Kindern angeboten.

Schenkendorffstraße 9, MD-Stadtfeld, Tel: 733 20 34, mobil: 0172-905 92 69, Kosten: 1.-3. Monat 15 €/Monat, dann 20 € monatl.

Unikom Kulturzentrum

Der Spaß an Sprache und das Kennenlernen der Kultur des Landes stehen bei Unikom im Vordergrund. Das Fremdsprachentraining versteht sich nicht als Nachhilfe oder Lernkreis, sondern als Möglichkeit, die fremde Sprache aktiv zu trainieren, und dadurch Erfolge im hemmungsfreien Sprechen und Schreiben zu erzielen. Das Kinderprogramm richtet sich an die Altersgruppe von 4 bis 12 Jahre. Gelernt wird in Gruppen von 4-8 Schüler einer Leistungsstärke.

Otto-von-Guericke-Str. 57, MD-Altstadt, Tel: 5 06 61 66, www.unikom-md.de, Gruppenunterricht 56 €/Monat

GREENKIDS: die aktivste und öffentlichkeitswirksamste Umweltgruppe Magdeburgs sind die Greenkids. Zu ihrem Einsatz für Ökologie gehören auch regelmäßig Infostände in der Stadt

Natur und Umwelt

Greenkids

Greenkids e.V. ist eine eigenständige Magdeburger-Jugendumweltschutzorganisation, die das Ziel hat, Kinder und Jugendliche zum Schutz der Umwelt zu motivieren und ihnen die Möglichkeit bietet, im Umweltschutz aktiv zu werden. Die Greenkids setzen sich für den Schutz der Umwelt und für die Sicherung einer lebenswerten Zukunft für Kinder und Jugendliche dieser und späterer Generationen ein. Sie arbeiten mit gleichgesinnten Verbänden wie z.B. der Naturschutzjugend und der BUNDjugend zusammen. So werden u.a. gemeinsam Seminare, Infostände und Exkursionen organisiert und durchgeführt. Außerdem erscheint viermal pro Jahr die Vereinszeitung das „grüne blatt", eine Zeitung verschiedener Umweltvereine aus Sachsen-Anhalt. Die Zeitung berichtet über Arbeit der Vereine, sowie über aktuelle Umwelt- und emanzipatorische Themen. Bei Greenkids kann man etwa bis zum 25 Lebensjahr mitarbeiten.

Greenkids, Olvenstedter Str. 10, MD-Stadtfeld, Tel: 543 38 61, www.greenkids.de

JUGENDKUNSTSCHULE HAUS KLE: Angela Weidt hat es sich in ihrern Kursen zum Ziel gesetzt, die teilnehmenden Kinder anzuregen, ihrer Phantasie in unterschiedlichster künstlerischer Form Ausdruck zu verleihen.

NATURSCHUTZJUGEND: sie ist mit etwa 200 Mitgliedern die größte Jugendumweltorganisation in Sachsen-Anhalt. Zu ihren Aktivitäten gehört das Pflanzen von Bäumen, Landschaftspflege oder das Aufhängen von Nistkästen. Dazu veranstalten sie Zeltlager.

Grüne Liga e.V.

Die grüne Liga ist seit 1989 in Magdeburg aktiv und engagiert sich für Umweltschutz und Umweltberatung. Darüber hinaus bestehen Bildungsangebote für Schulen und Kindereinrichtungen. Bei Themennachmittagen lernen Kinder einheimische Tiere und Pflanzen kennen, spielend erfahren sie die Umwelt zu begreifen und schützen, Abfall zu vermeiden. Methodisches Material wird dafür gestellt. Eine aktive Kinder- und Jugendgruppe besteht jedoch nicht.

Grüne Liga e.V., Hans-Grade-Straße 62, Tel: 732 97 22, www.grueneliga.de

Naturschutzjugend NAJU

Die Naturschutzjugend (NAJU) ist die Jugendorganisation des Naturschutzbundes (NABU). Sie ist mit etwa 200 Mitgliedern der größte Jugendumweltverein in Sachsen-Anhalt. Aufgaben und Aktivitäten der NAJU sind u.a. Pflanzen von Bäumen, Pflege von Hecken und Kopfweiden, Entbuschen wertvoller Trockenrasenbiotope, Aufhängen von Nistkästen, Exkursionen (z.B. Vogelstimmenwanderungen), Infostände in Fußgängerzonen über Umweltprobleme, Jugendbildungsseminaren (z.B. Schutz des Bibers). Der NAJU organisiert für seine Mitglieder preisgünstige Fahrten und Zeltlager im In- und Ausland und bietet Kinderferienlager an. Der Naturschutzjugend geht es bei allen Aktivitäten darum, bei jungen Menschen Verständnis für die Notwendigkeit des Natur- und Umweltschutzes zu wecken.

NAJU beim Naturschutzbund NABU, Landesverband Sachsen-Anhalt e.V., Schleinufer 18A, 39104 Magdeburg, Tel: 5440896, Jahresbeitrag Kinder (6-13) 18 Euro.

Sielmann Naturranger

Schon seit 1991 sind die Natur-Ranger in Magdeburg aktiv. Das Team Magdeburg, eines von 15 bundesweit, besteht derzeit aus 25 Teammitgliedern im Alter zwischen

JUGENDFEUERWEHR: Feuerwehr-Wettkämpfe wie hier bei den Sachsen-Anhalt-Meisterschaften in Halle gehören zum Programm. Im Sommer ist auch an den Wochenenden was los: Feldlager und Feuerlöschübungen, Orientierungsmärsche und Sommerferienlager,

10 und 22 Jahren. Bei regelmäßigen Treffen beschäftigen sie sich mit aktuellen Themen oder Aufgaben auf dem Gelände des Schulumweltzentrums, sind aber auch im Stadtgebiet unterwegs. Unter Anleitung von Teamorganisator Ralf Oppermann sind die Ranger äußerst aktiv, legten bereits eine Vogelschutzhecke, eine Verlandungszone und eine Lehmflechtwand an. Fahren hinaus in die Börde, um beim Greifvögel beringen dabei zu sein. Im April 2004 waren sie auf großer Vogelbeobachtungsexkursion in Italien.

Im Schulumweltzentrum, Harsdorfer Straße 35, Tel: 733 14 27

SIELMANN NATUR-RANGER: Die Gruppe unter Leitung von Ralf Oppermann ist mit engagierten Projekten im Naturschutz tätig. Dazu gehören Reinigungsaktionen, Tierbeobachtung oder Mithilfe wie hier beim Beringen von Greifvögeln

Waldjugendgruppe

Seit 2003 hat Magdeburg auch eine im Aufbau befindliche Waldjugendgruppe, die bei der Schutzgemeinschaft deutscher Wald angesiedelt ist. Ziel der Waldjugend ist es, mit Abenteuer- und Naturerlebnissen Kindern zwischen 10 und 15 Jahren für die Natur zu begeistern. Während der kalten Jahreszeit trifft man sich (Do Nachmittag) im Schulumweltzentrum Harsdorfer Straße, im Sommer werden in der Kreuzhorst Exkursionen zur Baum- und Vogelbestimmmung oder Biberspurensuche unternommen.

Kontakt über Schutzgemeinschaft Wald e.V., Tel: 662 83 72, Leiterin Frau Wolter

Vereine und Verbände

Jugendfeuerwehr

Feuerwehrmann ist ebenso wie Lokführer wohl einer der am häufigsten genannten Berufswünsche heranwachsender Kinder. Auch wenn später manches anders kommt: Bei den Freiwilligen Feuerwehren der Stadt Magdeburg können Kinder bereits ab zehn Jahren wirklich mitmachen. Dort heißen alle „Kameraden", einmal pro Woche ist Feuerwehrausbildung. Im Sommer ist auch an den Wochenenden was los: Feldlager und Feuerlöschübungen, Orientierungsmärsche, Umwelttag, Sommerferienlager, aber auch Drachenfeste und Kinobesuche. Es werden keine festen Mitgliedsbeiträge erhoben, wie es in vielen Sportvereinen üblich ist, dafür gilt eine Probezeit von drei Monaten, bevor ein Mitglied die Jugendfeuerwehrbekleidung ausgehändigt bekommt.

Stadtjugendwärtin Annette Siedentopf, Tel: 7223982

JFW Diesdorf, Alt-Diesdorf 2; Tel. 73 95 534, Uwe Schoof, Gruppennachmittage: jeden Do, 16.00 Uhr, z. Zt. 13 Mitglieder

JFW Olvenstedt, Hegewiesenweg 1; Tel. 727 05 20, Uta Siedentopf, Treff: Mo, 16.30 Uhr; Do, 16.30 Uhr, z. Zt. 38 Mitglieder

JFW Ottersleben, Schwarzer Weg 30, Tel. 63 45 002, Heiko Fümel, Gruppennachmittage: jede Woche im Wechsel Di/Mi, 16.00 Uhr, z. Zt. 21 Mitglieder

JFW Magdeburg-Pechau, Breitestraße, Tel. 811 04 74, Ansprechpartnerin: Beate Stein, Gruppennachmittag: Fr 18.00 Uhr, z. Zt. 12 Gruppenmitglieder

JFW Prester, Alt-Prester 67a, Tel. 811 02 60, Kristine Holz, jeden Do ab 17.00 Uhr, z. Zt. 16 Mitglieder

JFW Randau, Dorfstraße, Tel. 0172/ 3056365, Uwe Arndt, 14-tägig Fr ab 17.00 Uhr, z.Zt. 11 Mitglieder

JFW Rothensee, Forsthausstraße 36, Tel. 50 31 93, Marcel Friedrich, jeden Sa 10.00 Uhr, z. Zt. 16 Mitglieder

JFW Beyendorf/Sohlen, Dieter Herboldt; Tel. 6221148, alle 14 Tage Sa (1.+3.), 14.00 Uhr, z. Zt. 9 Mitglieder

JFW Südost, Zackmünder Straße 1a, Tel. 40 46 519, Christoph Mertens, jeden Do, 18.00 Uhr, z.Zt. 3 Mitglieder

DEUTSCHE LEBENSRETTUNGSGESELLSCHAFT DLRG: kleine Lebensretter werden bei der DLRG ausgebildet. Gemeint ist vor allem die Wasserrettung und so werden manche Badeanlagen und Ostseestrände von den Schwimmern betreut

DLRG

Die Deutsche Lebensrettungsgesellschaft ist eine gemeinnützige Organisation, die sich die Aufgabe gestellt hat, alle Einrichtungen und Maßnahmen zur Bekämpfung des Ertrinkungstodes zu fördern. Die Magdeburger Ortsgruppe arbeitet seit Jahren sehr engagiert, vor allem im Nachwuchsbereich. Es bestehen mehrere Kinder und Jugendgruppen, bereits ab 5 Jahren können Kinder in der „Seepferdchengruppe" mitmachen und das Schwimmen erlernen, ab 10 Jahren wird man Juniorretter, um später vielleicht mal auf einem Rettungsturm Dienst zu machen. Es wird viel für den Zusammenhalt der Gemeinschaft getan, an den Wochenenden trifft man sich zu gelegentlichen Übungen oder öffentlichen Vorführungen, in den Sommerferien werden Zeltlager veranstaltet.

DLRG Bezirksverband Magdeburg, Große Diesdorfer Straße 104a, Tel: 739 10 14, www.dlrg.de, Jahresbeitrag Kinder 25 €

Kinderschwimmgruppen: 5-10 Jahre, Sa 7-8 Uhr Schwimmhalle Nord; 8-14 Jahre Sa 7-8 Uhr oder Do 21-22 Uhr Schwimmhalle Olvenstedt

Wasserwacht Magdeburg e.V.

Die Wasserwacht im Deutschen Roten Kreuz ist eine Gemeinschaft, deren Mitglieder sich der Hilfe und der Rettung von durch Wasser betroffener Personen verschrieben haben. Sie sind in der Ersten Hilfe ausgebildete Rettungsschwimmer die an öffentlichen Gewässern, Bädern und Schwimmhallen sowie als Wasserrettungszug im Katastrophenschutz ehrenamtliche Dienste leisten. Zur Zeit zählt die Wasserwacht Magdeburg etwa 160 aktive Mitglieder. Die Hauptaufgaben bestehen in erster Linie in der Sicherstellung des Badebetriebes sowie der medizinischen Erstversorgung bei Bade- und Schwimmunfällen. Die Rotkreuzgemeinschaften unterstützen sich auch gegenseitig, zum Beispiel bei der Absicherung von Veranstaltungen und Konzerten.

DRK-Wasserwacht, Kontakt: Achim Pape, Regierungsstraße 37 a, Katrin Westhus 0174/47 57 86 4 oder Tel: 6 22 33 05

Technisches Hilfswerk

Die Sandsackbarrieren der Flutkatastrophe von 2002 sind vielen noch in guter Erinnerung. Mitten unter den Helfern war auch das Technische Hilfswerk THW mit seinen knallblauen Fahrzeugen und schwerer Technik. Die bundesweite Katastrophenschutzorganisation sucht immer wieder ehrenamtliche Menschen, die anpacken. Bereits mit zehn Jahren kann man Junghelfer des THW werden. In der Jugendgruppe (10-17 Jahre) lernt man im Team spielerisch den Umgang mit einfachen Geräten und an den Wochenenden finden hin und wieder Übungen statt. Die Mitarbeit hat auch Perspektive: ab dem 18. Lebensjahr wird man aktiver Helfer, lernt den Umgang mit Rettungstechnik und kann beim THW auch Wehrersatzdienst leisten.

THW Magdeburg, Tel: 734 84 80

Jugendrotkreuz

Die Jugendrotkreuzler in Sachsen-Anhalt, sind gut 6000 junge Menschen, die im Deutschen Roten Kreuz als eigenverantwortliche und beitragsfreie Rotkreuz-Gemeinschaft tätig sind. Mitmachen kann jeder zwischen 6 und 27 Jahren, ob als Ersthelfer, Rettungsschwimmer oder anderswo. Was wird gemacht? Regelmäßige Gruppenstunden, die sowohl Kenntnisse in der Ersten Hilfe wie auch der Gesundheit, Natur und anderen interessanten Themen vermitteln und sich nach den Bedürfnissen ihrer Mitglieder richten. Einsätze bei Veranstaltungen und Konzerten, Fahrten und Zeltlager - Wochenend- und Ferienfreizeiten. Ein Zusammenschluß junger Menschen in einem selbstverantwortlichen Jugendverband, die sich vielseitig interessieren, soziales Engagement zeigen und sich für humanitäre Zwecke einsetzen.

DRK Jugendzentrum, Große Diesdorfer Straße 3 (Seifama), MD-Stadtfeld, Tel: 2589810, Jugendgruppe ab 12 Jahre, Treff Dienstag, 16-17.30 Uhr Kontakt: Katrin Klöden Tel: 0177-645 54 28

Pfadfinder St. Georg

Die Pfadfinderschaft Sankt Georg ist mit mehr als 100.000 Kindern und Jugendlichen der katholische Pfadfinderverband Deutschlands. Sie erleben hier Gemeinschaft und übernehmen schrittweise Verant wortung für sich und die Gruppe. Pfadfinderinnen und Pfadfinder schließen sich in altersgemäßer Form zusammen. Kinder von 8 bis 11 Jahren heißen Wölflinge, von 10 bis 13 Jungpfadfinder. Jugendliche werden mit 13 Jahren Pfadfinder, und mit 16 Rover. Während die Wölflinge spielerisch die Welt entdecken, steht bei den Jungpfadfindern das Abenteuer im Mittelpunkt. Pfadfinder beginnen, ihren eigenen Lebensstil zu finden, und Rover schließlich stehen an der Schwelle zum Erwachsenwerden. Im Diözesanverband Magdeburg engagieren sich mehr als 200 Kinder und Jugendliche und über 30 Betreuer. In sechs Stämmen treffen sie sich zu Gruppenstunden und fahren gemeinsam in Wochenend-Lager.

Stamm Biederitz, Waltraud Kraft, Pietzpuhler Weg 4, 39175 Körbelitz, Tel: (039 222) 29 60

Pfadfinder Adventjugend

Die Siebenten-Tags-Adventisten sind eine protestantische Freikirche mit über 13 Millionen Mitgliedern in mehr als 200 Ländern der Erde. Im Alter von 8-11 Jahren kann man dort „Jungpfadfinder" werden, Jugendliche von 12-15 werden „Pfadfinder" und alle älteren nennen sich „Scouts". Geboten wird Freizeitgestaltung in der Woche und an Wochenenden mit Sport, Wandern, Spielen, Basteln, Singen und Musizieren.

Kindergruppe Magdeburg, Kontakt: Ulrike Lutter, Tel: 2 58 05 74

Malteser Jugend

Die Malteser Jugend ist eine Gemeinschaft innerhalb des Malteser Hilfsdienstes. Mitmachen kann jeder, der zwischen 8 und 20 Jahren alt ist. In Magdeburg bestehen drei Jugendgruppen, die von ausgebildeten Gruppenleitern geleitet werden. Ziel der Jugendarbeit ist es, Lebenslust und Freude, Augen für soziale Not und Hilfsbereitschaft und nicht zuletzt Werte, die dem christlichen Glauben entspringen, zu vermitteln.

Gruppe St. Andreas (10-14 Jahre), Treff: Di 17-18.30 Uhr, St. Andreas, Büchnerstr. 17
Gruppe St. Mechthild (14-20 Jahre), Treff: Dienstag 18-20 Uhr, St. Mechthild, Milchweg
Gruppe Charlottentor (6-18 Jahre), Mo 17.30-19 Uhr, SZ Mutter Teresa, Am Charlottentor 31, www.malteserjugend-magdeburg.de

MALTESER JUGEND: Kinder brauchen Wurzeln und Jugendliche Flügel heißt die Philosophie der Malteser. In den Jugendgruppen geht es um die Vermittlung Lebenslust und Freude und nicht zuletzt auch um Werte, die dem christlichen Glauben entspringen

Dienst-leistungen

Ob Sie eine Kinderparty feiern wollen, nach günstigen Einkaufsmöglichkeiten suchen oder eine Reparatur erledigt werden muß – die Stadt ist voller Möglichkeiten und dienstbarer Geister

Geburtstagsparty feiern

...mit einer Zoo-Rallye

Der Zoo ist ohnehin Lieblingsplatz vieler Kinder. Zum Ehrentag werden Kindergeburtstagsführungen angeboten: diese Zoorallye kostet 31 Euro und umfaßt den Eintritt von bis zu 8 Personen (jedes weitere Kind 4 EUR) sowie ein Geschenk. Etwas exklusiver ist die Kindergeburtstagsführung „Spezial“: man kann „sein persönliches“ Zootier besuchen, und es mit dem Wärter zusammen füttern. Gewählt werden kann zwischen Elefant, Pony, Pelikan und Rentier. Diese Spezial-Zoorallye kostet 46 € (Eintritt für bis zu 8 Personen, Geschenk). Auf Wunsch organisiert das Café im Zoo weitere Versorgung.

Zoo, Am Vogelgesang 12, Neue Neustadt, Tel: 2 80 90-41, Gültig 1. April bis 30. Sept, Mo-Fr 8-19 Uhr, Anmeldung 14 Tage zuvor

...im Spaßbad Nautica

Hier finden Kinder alles, was sie für eine feuchtfröhliche Party brauchen: alles spielt sich in und um das Abenteuerbecken mit Wasserrutschenturm ab. Essen und Trinken wird am geschmückten Tisch aufgebaut und ist inklusive. Die Nautica-Crew gratuliert und überrascht mit einem eigenen Geschenk. Die 4-stündige Geburtstagsfeier sollte man spätestens eine Woche vorher ankündigen – und besser nicht in den Ferien kommen.

Herrenkrugstraße 150, MD-Herrenkrug, Tel: 81 81 00, geöffnet: So-Do 10-22 Uhr, Fr/Sa 10-23 Uhr, Geburtstag: Person incl. Essen und Getränke 10 €.

...in historischer Straßenbahn

Eineinhalb Stunden dauert die Fahrt mit den mehr als 100 Jahre alten historischen Straßenbahnen durch die Stadt. Drinnen ist Platz für 12-24 Kinder. Klingt nach etwas besonderem, nur ganz billig ist die Sache nicht.

Kontakt über IG Nah e.V., Tel: 548 55 19, Waggon mit Fahrer ab 230 Euro für 1,5 h

PARTY FEIERN: lustig wie beim Fasching kann es auf einem Kindergeburtstag werden. Und die Stadt bietet genug Möglichkeiten für die ganz besondere Feier

...im Pizza Hut

Als Geburtstagskind darf man hier seine eigene Pizza backen und bekommt auch noch ein Extra-Geschenk. Das Programm mit kleinen Kinderspielen dauert gerade mal einen halbe bis dreiviertel Stunde. Dazu wird ein Kindermenu (Pizza (wahlweise Nudeln), Getränk und Überraschung) serviert. Die geforderte Gruppengröße sind mindestens 5 Kinder, es reicht, sich eine Woche vorher anzumelden.

Pizza Hut, Kantstraße 6 (City Carré), Tel: 531 14 08, pro Kindermenü 3,20 €

...im roten McDonalds Bus

Mit Ronald McDonald zur Geburtstagssause in den roten Doppeldekkerbus. Der ist drinnen so eng, daß Platz für maximal zehn Kinder (bis 12 Jahre) ist, dafür hat er eine echte Innenrutsche. Bei der eineinhalbstündigen Party sorgt eine Hostess mit Gewinnspielen für Unterhaltung. Der Bus selbst kostet nichts, aber Ronald freut sich über die Bestellung von Juniortüten und Co.

Werner-von-Siemens-Ring, MD-Ottersleben, Tel: 631 25 09, Tagestermine jeweils 14, 16 und 18 Uhr, Anmeldung mindestens vier Wochen vorher

... im Cinemaxx

Kindergeburtstag im Kino! Das Cinemaxx hat eigens dafür eine

GEBURTSTAG MIT RITTERFEST: auf der Wasserburg Egeln ist nichts unmöglich. Da werden auch Kinderritter-Turniere ausgetragen und die Kammerfee liest Märchen in der Turmkemenate vor

Partyecke gestaltet. Das Geburtstagskind (maximal 11 Jahre alt) und eine erwachsene Begleitperson haben freien Eintritt, ansonsten gilt 7,90 € / Person. Was bekommt man dafür? Einen Kinofilm Ihrer Wahl aus dem laufenden Programm, je eine Tüte Kinderpopcorn, ein Kindersoftgetränk und ein „Happy Meal"– Gutschein von McDonald's, sowie eine Geschenktüte mit vielen Überraschungen. Die Kinder bekommen dazu einen exklusiven Blick in den Vorführraum und hinter die Kinokulissen. Das Geburtstagskind darf den Film sogar selbst starten. Also, Vorhang auf, Film ab und viel Spaß!

CinemaxX, Kantstraße 6, MD-Altstadt, Tel: 59 89 -210, Anmeldung mit Wunschtermin mindestens 1 Woche vorher

Im Spiel- und Projekthaus Elbauenpark

Zu allen Jahreszeiten ein idealer Platz für eine ausgelassene Party. (gern auch Schul- und Vereinsfeste, Sport- und Spaßturniere). Auf reichlich Fläche darf gespielt, geknetet, geschaukelt, gegrillt oder gebuddelt werden, allerdings ist das Haus allzeit offen und man kann keine alleinige Nutzung der Räume beanspruchen. Für die Verpflegung, das Geschirr und die Durchführung der Party ist man selbst verantwortlich, dafür ist die Benutzung des Hauses und des Spielmaterials kostenfrei. Die Mitarbeiter des Hauses, zumeist Studenten der pädagogischen Fakultät der Hochschule, geben aber gerne Anregungen zur Gestaltung der Feier.

im Elbauenpark, Breitscheidstr. 2 (Nordeingang), Tel: 59 57 274, geöffnet: Di-Sa 10-18 Uhr, Anmeldung vorab ist günstig.

In der Wasserburg Egeln

Die Wasserburg in der pitoresken Altstadt von Egeln wird seit Jahren von einem engagierten Bürgerverein Stück für Stück saniert und mit Leben erfüllt. Neben Führungen und zahlreichen eigenen Veranstaltungen organisieren die „Burgherren" in den Sommermonaten gern auch mal ein kleines mittelalterliches Kinderfest. Ein Kinderritterturnier in den Kostümen der Burg, Lagerfeuer mit Grillen im Innenhof

SPIEL- UND PROJEKTHAUS: der lustig schiefe Bau am Rande des Elbauenparks bietet zahllose Möglichkeiten der Entfaltung, ausgelassene Geburtstagspartys inbegriffen

der Burg oder Märchenvorlesen mit der Kammerfee in der Kemenate des Bergfrieds können ein Kinderfest unvergeßlich machen. Nur nicht gleich vor möglicchen Kosten schrecken, am besten, mal bei den netten Leuten von der Wasserburg anrufen und alles erfragen. (s. S. 34)

39435 Egeln, Tel: (039 268) 321 94, Herr Lachmuth, Preise nach Aufwand

in der Bördebahn

Die lustige Bördebahn, der „Eisenbahn für die Straße" kann auch für Sondertouren gebucht werden. Die Mietkosten für die Bahn beginnen ab 98 Euro.

Fa. Zimmermann, Oschersleber Straße 13, MD-Salbke, Tel: 4046164, www.boerdebahn.de

im Kunsthof Augustusgabe

Der Kunsthof auf einem alten Rittergut in Barby (s. S. 98) veranstaltet kreative Kindergeburtstage. Auf dem Gelände ist viel Platz und die Kinder malen, basteln und reiten unter Anleitung. Wer will, kann hier auch einmal Traktor fahren.

Brauhausstraße 24, 39249 Barby/Elbe, Tel: (03 92 98) 68 510, www.kunsthof-barby.de

Musik und Show

Weihnachtsmann mieten

Weihnachten ohne Weihnachtsmann ist für die meisten schlichtweg nicht vorstellbar. Wenn aus der eigenen Familie keiner kann oder schlichtweg das Kostüm fehlt, hilft die Jobvermittlung des Arbeitsamtes. Die haben routinierte Leute, die seit Jahren im Geschäft sind und kostümiert kommen. Anmeldung ist vier bis sechs Wochen vorher sinnvoll, sonst kann's eng werden.

Jobvermittlung der Agentur für Arbeit, Tel: 562 21 51, Festpreis für MD: 25 Euro

Kostümverleih Lucretia

Das Lucretia, ein zauberhaftes Lädchen für Leinenbekleidung und Silberschmuck betreibt auch einen

WEIHNACHTSMANN BUCHEN: lustig wie beim Fasching kann es auf einem Kindergeburtstag werden. Und die Stadt bietet genug Möglichkeiten für die ganz besondere Feier

Kostümverleih. Die meisten Sachen stammen aus einem Theaterfundus, vom Burgfräulein bis zur Rittermaskerade ist alles dabei.

Lemsdorfer Weg 6, MD-Sudenburg, Tel: 622 36 05, Kostümleihe pro Tag um 20 €

Clown Wuschel

Seit 15 Jahren zieht der Magdeburger Clown Wuschel, alias Martin Rühmann, in Kindergärten, in Schulen und auf Straßenfesten Kinder in seinen Bann und verzaubert sie mit seinen Geschichten aus dem Knitter-Knatter-Mond oder der Reise zum Murmel-Mimel-Mamel-Mond.

Kontakt: 0160-178 11 54, www.clown-wuschel.de

CLOWN WUSCHEL: der bekannteste Clown der Stadt begeistert seit 15 Jahren Kinder mit seinen Geschichten aus dem Knitter-Knatter-Koffer oder seinen Reisen zum Murmel-Mimel-Mamel-Mond

FRISEUR BARBERELLA: kinderfreundlich wie kaum ein anderer Friseur ist das Barberella in Stadtfeld. Während die Großen frisiert werden, vertreiben sich die behüteten Kleinen im gut ausgestatteten Spielraum die Zeit

Krimmelmokel Theater

Krimmelmokel ist ein mobiles Puppentheater aus Magdeburg, das vor allem für Kinder im Vorschul- und Schulalter spielt. Inhaberin Inga Hartmann arbeitet mit unterschiedlichen Spieltechniken und läßt Formen der Clownerie und des Spiels mit Materialien einfließen. Alle Stücke sind so gestaltet, daß sie auch in kleinen Räumen aufgeführt werden können.

Inga Hartmann, Tismarstr. 25, Stadtfeld, Tel: 732 66 81, www.krimmelmokel.de

Kasperbühne Peter Kend

Die Kasperbühne von Peter Kend gehört zu einer traditionsreichen Magdeburger Puppenspielerfamilie (die macht auch die Puppenkiste). Gespielt werden Geschichten mit den Klassikerfiguren Kasper, Krokodil oder Räuber. Dazu kann eine transportable Kulisse oder das knallblaue Kaspermobil, ein Bus mit eingebauter Bühne gemietet werden.

www.kasperkend.de.vu, Tel: 731 60 14, Spiel zu einem Kindergeburtstag ab 180 €, Feste u.a. auf Anfrage

Puppenkiste

In der dritten Generation wird die Puppenkiste von Frau Uebe betrieben. Gespielt werden max. 45 Minuten lange Stücke für Kinder von 3 bis ca. 8 Jahren. Gespielt wird mit einer transportablen Kulisse oder im Puppenmobil, ein Bus mit eingebauter Bühne.

www.puppenkiste.de.md, Tel: 733 50 13, Spiel zu einem Kindergeburtstag ab 180 €

Dienstleistungen / Reparaturen

Bären- und Puppenstube

Das Ehepaar Meier kam mit seiner Bären- und Puppenstube 2002 nach Magdeburg und die beiden sind seither die Puppendoktoren der Stadt. Vorn im Geschäft werden Teddys aller Art und Puppen verkauft, hinten, in der angeschlossenen Puppenklinik-Werkstatt, wird repariert, was möglich ist (und uns manchmal unmöglich erscheint).

Halberstädter Straße 74, MD-Sudenburg, Tel. 731 24 22

Dr. Speiche

Sorgen mit kleinen oder großen Rädern? Der Hol- und Bringedienst des Fahrradfachgeschäftes EldoRADo in Gestalt von Dr. Speiche kommt im silbernen Bus (aber ohne Blaulicht) gefahren, holt ab und macht im Handumdrehen alles flott, was wieder rollen soll und bringt es sogar zurück.

Eldorado, Heinrichplatz, MD-Neue Neustadt, Tel: 244546 oder Ernst-Reuter-Allee 30, MD-Altstadt, Tel: 541 41 54

Fahrbibliothek

Die Fahrbibliothek ist der mobile Service der Stadtbibliothek Magdeburg. Der blaue Bücherbus fährt von Montag bis Freitag zahlreiche Haltestellen in den Stadttteilen, aber auch vor Schulen und Kindergärten an und hält dort ein vielfältiges Medienangebot für Jung und Alt zur Ausleihe bereit. So sind Romane, Sachbücher mit Informationen zu den verschiedensten Themen und Medien für Kinder mit altersgerechter Kennzeichnung ebenso wie Unterhaltsames und Interessantes auf Hörbuch, Video,

Kassette, CD-ROM und DVD an Bord zu finden. Wem die Auswahl aus den Medien schwer fällt, kann sich jederzeit durch kompetentes Fachpersonal beraten lassen. Zusätzlich können Medien aus dem Magazin der Fahrbibliothek oder aus anderen Einrichtungen der Stadtbibliothek bereitgestellt werden. Zur Recherche steht der Medienkatalog der Stadtbibliothek im Bus zur Verfügung. Für Schulen und Kindergärten hält die Fahrbibliothek ein besonderes Angebot bereit. So können die Kinder Einführungen in die Bibliotheksbenutzung erhalten, Ferienprogramme und Autorenlesungen besuchen oder sich von einem Bilderbuchkino verzaubern lassen. Sollte sich eine Einrichtung ein Stück Bibliothek in die eigenen Räume holen wollen, so ist auch das seit Kurzem möglich. Die Fahrbibliothek stellt Medienboxen zu den verschiedensten Themen zur Ausleihe bereit. Über die Angebote der Fahrbibliothek, die Ausleihmodalitäten und die Haltepunkte können sie sich in der Zentralbibliothek, den Stadtteilbibliotheken oder unter der Telefonnummer 540 4849 informieren. Ein Haltepunkt der Fahrbibliothek befindet sich sicher auch in ihrer Nähe!

Tel: 540 48 49 oder
www.magdeburg.de

PUPPENKLINIK SUDENBURG: Familie Meier sind so etwas wie die Puppendoktoren der Stadt. Selbst scheinbar unmögliche Schäden werden hier wieder repariert.

Friseur Barberella

Kinderfreundlich wie kaum ein anderer Friseur ist das Pikobello in Stadtfeld. Während die Großen frisiert werden, vertreiben sich die behüteten Kleinen im großzügigen und gut ausgestatteten Spielraum die Zeit.

Hebbelstraße 1, MD-Stadtfeld, Tel: 5067250

Schmidts Windel-Bringdienst

Liefert hochwertige Einwegwindeln und Hygieneprodukte, z.B. Windeln Midi 4-9 kg 120 Stück im Karton 17,50 Euro, kostenlose Anlieferung.

Hans-Löscher-Straße 2, MD-Stadtfeld,
Tel: 733 19 13 oder 0178-512 46 03

FAHRBIBLIOTHEK: täglich rollt der blaue Bücherbus durch die Stadtteile und hält ein vielfältiges Medienangebot für jung und alt bereit

SPIELTRIEB: ein wahrhaft phantasitischer Laden auf der Halberstädter. Hier sind die noch sehr jungen Fans von Strategiespielen mit Phantasiefiguren zuhause

Spielwaren und Bekleidung

Bastel Bertram

Buckauer Fachgeschäft für Modellbau und Basteln; Eisenbahn, ferngesteuerte Autos und Flugzeuge

Karl-Schmidt-Straße, MD-Buckau

Karstadt

Das Karstadt-Kaufhaus besitzt eine gut sortierte Spielwarenabteilung mit den wichtigsten Herstellern und bietet Spielzeug für alle Altersklassen.

Breiter Weg 128, MD-Altstadt, Tel. 59590

DOKTOR SPEICHE: Sorgen mit kleinen oder großen Rädern? Der Hol- und Bringedienst vom EldoRADo in Gestalt von Dr. Speiche kommt sofort und macht im Handumdrehen alles flott, was rollen soll

Kehry's Kinderwelt

Fachmarkt auf 650 Quadratmetern mit allumfassenden Angebot von Textilien über Spielzeug bis Zwillingswagen, auch Reparaturen und Ersatzteile.

Jordanstraße 4a, MD-Sudenburg; Tel: 6 07 59 12, Mo-Fr 10-19 Uhr, Sa 10-14 Uhr

Kindereck Kehrbein

Kleines, alteingesessenes Fachgeschäft mit Textilien, Babyzubehör, Kinderwagen u.ä.

Halberstädter Straße 33, MD-Sudenburg, Tel: 6 22 40 12

Kinderboutique „Little Lion"

Mode und funktionelle Kinderbekleidung für die Kleinen. Vor allem topschicke Markentextilien

Alter Markt 5, MD-Altstadt, Tel: 5448927

Kindermoden Paulina

modische Accessoires und Kinderbekleidung für drin und draußen.

Goethestr. 6a, MD-Stadtfeld, Tel. 4009149

Kindermoden Wagler

Leipziger Str. 51, MD-Südstadt, Tel: 6232366

Kinderwelt

Otto-Baer-Str. 6, MD-Reform, Tel: 620 14 11

My Kidz

Die „Familienwelt" von Stefan und Uta Sittig an der geschäftigen Olvenstedter bietet hochwertige Holzspielwaren, Kinderzimmerausstattung und Vermittlung von Familienreisen.

Olvenstedter Straße 65a, MD-Stadtfeld, Tel. 744 79 89, www.my-kidz.de

Pippi Lotta

„Auch Kinder haben ein Recht auf Markensachen", findet man bei Pippi Lotta und vertreibt hochwertige Marken-Kindermode, aber nur Textilien, keine Spielsachen.

Breiter Weg 224, MD-Altstadt, Tel: 5976700, Mo-Fr 10-20 Uhr, Sa 9-14 Uhr, www.pippi-lotta-kindermoden.de

Pusteblume

Hochwertige Mode für Kinder

Arndtstraße 54, MD-Stadtfeld, Tel: 7316012

Spiele Max

Das große Kinderkaufhaus in der Innenstadt. Der Spezialist für Spielwaren, besonders für Kleinkinder. Ansonsten ist alles vom Schnuller bis zum Kinderwagen erhältlich.

Kantstraße 5a (im City Carre), Tel: 532840

Spieltrieb

Der Spezialist für Fantasyspiele, führt außerdem ein großes Sortiment an Brettspielen aller Art. Nach Schulschluß wird der Laden zum inoffiziellen Jugendclub: dann treffen sich hier die Fantasy-Fans und würfeln und taktieren um den Sieg bei ihren völlig unblutigen Fantasyschlachten.

Halberstädter Straße 90, MD-Sudenburg, Tel. 622 23 79

Toys "R" Us

„Spielzeug ist unsere Sache" übersetzt man salopp den Namen der amerikanischen Kaufhauskette. Und sie bietet das größte Spielzeugsortiment in Magdeburg: über Babyspielzeug, Modelleisenbahnen und Klettergerüste – hier gibt es nichts, was es nicht gibt, selbst die Möglichkeit, daß man in den Gängen die Übersicht verliert.

Olvenstedter Graseweg (Florapark), MD-Neustädter Feld, Tel: 2515276

Z Kindermode

Breites Sortiment an Kindertextilien im Einkaufscenter Florapark

Olvenstedter Graseweg (Florapark), MD-Neustädter Feld, Tel: 251 80 80

Second Hand

Kaum getragen, sind die Kleinen den Sachen schon wieder entwachsen. Kein Wunder, daß über die Jahre spezielle Second-Hand-Läden aus dem Boden geschossen sind. >

Le Frog: Spielmöglichkeiten im Zeichen des Frosches

Brot und Spiele

Wer mit Kindern essen gehen will, sucht nach Orten, wo sich groß und klein zugleich wohlfühlen

Den Spielplatz direkt dabei haben nur die wenigsten Gastwirtschaften. In der Innenstadt ist das ohnehin schwierig, obwohl ausgerechnet McDonalds mit seinen Tobezimmern und den Kletterlabyrinten zeigt, das es geht und man damit sogar Gäste gewinnt. Gefahrfreie Spielflächen draußen findet man zumeist nur im Umland. Grundkriterien für die Aufnahme: weit weg vom Straßenverkehr, Spielplatz oder andere Möglichkeiten für gefahrfreies Spielen.

Biergarten am Elbauenpark, Tel: 59 57 577, Spielplatz und viel zu entdecken

Bistro a. Staudental, Elbauenpark, Tel: 5957563, neugebauter Spielplatz und viel Wiese

Die Kirche, MD-Prester, Spielplatz, Wiese und die Elbauen

Herrenkrug, Tel: 850 87 30, viel Wiese, Spielplatz, Minigolf

Le Frog, MD-Rotehorn, Tel: 531 35 56, Spielplatz, Wiese, Wald und der Adolf-Mittag-See

Jägerhütte, MD-Rotehorn, Tel: 5208366, viel Wiese und ein toller Drachenspielplatz

SFC, MD-Fermersleben, Biergarten&Restaurant, Tel: 401 54 61, hauseigener Kinderhort

Troja, MD-Altstadt, Tel: 563 95 97, Spielplatz im kleinen Park

Zum Lindenweiler, MD-Lindenweiler, Tel: 7219545, Garten mit Spielwiese auf dem Grundstück

Zum Paulaner, MD-Altstadt, Tel: 5438813, Spielplatz nebenan

außerhalb

Alte Oberförsterei Biederitz, Tel: 039292/669 87, abgezäuntes Gelände mit Wiese und Wald

Auerbachs Mühle Wolmirstedt, Tel: 039 201/555 55, viel Feld und Wiese, Windmühle (s.S. 52)

Augustusgabe Barby, Tel: 039298/68510, großes Gelände, Reiten, Museum (s.S. 98)

Bismarkhöhe Biere, Tel: 03928/847 182, toller Spielplatz und Heimattiergarten (s.S. 43)

Haus Hubertus Colbitz, Tel: 039 207/8580, mitten im Wald

Luisental Pechau, Tel: 8111828, Spielplatz im kleinen Park

Waldcafé am Tiefensee Pretzien, Tel: 039 200/517 43,

Waldfrieden Hütten, Tel: 039 056/9 50 90, Spielplatz und großes Wildgehege (s.S. 44)

Waldschänke Hohenwarte, Tel: 039222/694 69, Spielplatz, Tiergehege und die Elbwiesen

Waldhof Papenberg Haldensleben, Tel: 03904/430 49, mitten im Wald gelegen

Mühlenschänke Hohenwarte, Tel: 039222/3933, Spielplatz, Wiese, alte Mühle (s.S. 52)

Zum Elbebiber Calenberge, Tel: 03928/400 824, Spielplatz, viel Wiese, Kleinzoo (s.S. 44)

SECOND HAND: Kaum getragen, sind vor allem die Kleinen den Sachen schon wieder entwachsen. Kein Wunder, daß über die Jahre spezielle Second-Hand-Läden aus dem Boden geschossen sind.

A+V Wonneproppen

Kindersitze, Laufgitter, Textilien usw.

Große Diesdorfer Str. 11, Tel: 5556874

Ivy`s An- & Verkauf

W.-Kaßner-Str 13, MD-Reform, Tel: 6202565 Mo-Fr: 9.30-12 und 14-18 Uhr, Sa: 9-12 Uhr

Junior Second Hand

Kinderbekleidung, Kinderwagen, Betten, Hochstühle, Laufgitter etc.

E.-Wille-Str. 45, MD-Ottersleben, Tel: 631 69 49, Mo-Do 9-12 u. 14.30-17.30, Fr 9-12 Uhr

Klamottenkiste

Second-Hand-Shop, Kinder-, Baby- und Jugendmoden, alles ums Kind: Spielzeug, Kinderwagen usw.

Heinrichstr. 35, MD-N. Neustadt, Tel: 2514340

Noczynski und Rolli GbR

Kinderbedarf, Umstandskleidung

Magdeburger Straße 9, Tel: 6316949

Steffis Second Hand Shop

Großer Laden gegenüber dem Museum mit Spielsachen und Textilien, der aber auch viel Zweite Hand für Erwachsene anbietet.

Otto-von-Guericke-Straße 35, MD-Altstadt, Tel: 543 62 99, Mo-Fr 9.30-18 Uhr, Sa 9.30-14 Uhr

Such&Find

Halberstädter Straße 98, MD-Sudenburg, Tel: 7 22 52 36

Babysitter und Tagesmütter

Mandala

kreativer Kinderclub mit staatlicher Zugelassung. Angeboten wird auch eine Betreuung für Kinder von 0 bis 12. Und das täglich, nächtlich, wochenendlich, feiertäglich oder in den Ferien.

Hegelstraße 35, MD-Altstadt, (gegenüber Abenteuer-Spielplatz), Tel: 56 93 888, mail: CuP.Rondio@t-online.de

Kinder-K-A-STE-N e.V.

Die Elterninitiative Kinderkasten e.V. (Der Begriff steht für Kinder-AufnahmeSTelle für Notfälle) besteht seit 1992 und betreibt als gemeinnütziger Verein eine Kindereinrichtung, in der Kinder zwischen 0 und 12 Jahren tagsüber, nachts, nach der Schule, an den Wochenenden und an den Feiertagen – rund um die Uhr – durch pädagogisches Fachpersonal betreut werden.
Wer Interesse an der Abend- oder Nachtbetreuung hat, ist jederzeit willkommen.

Innsbrucker Straße 30, MD-Sudenburg, Tel: 6 21 64 68, info@kinderkasten.de, www.kinderkasten.de

Kindertaxi

Das Kindertaxi ist ein Angebot des Kinder-K-A-STE-N e.V., bei dem Kinder zu bestimmten Veranstaltungen abgeholt und gebracht werden. Je nach Notwendigkeit.

Tel: 6 21 64 68, info@kinderkasten.de, www.kinderkasten.de

Babysitterservice Sonnenschein

Vermittlung von zertifizierten Babysittern, Man bezahlt eine Vermittlungsgebühr und regelt den Rest mit dem Sitter selbst.

Tel: 662 99 92, www.babysitterservice.net

Sicher haben Sie daran gedacht

Kaputte Scheiben, ein Unfall, die Ausbildung und überhaupt. – es beruhigt, wenn man abgesichert ist. Welcher Versicherungsschutz für Kinder Sinn macht

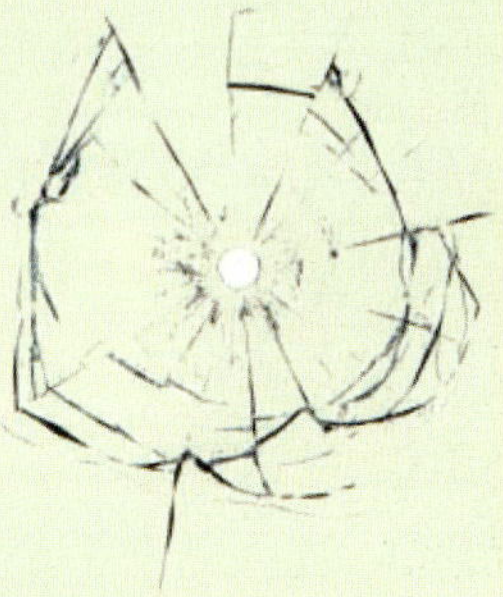

Private Unfallversicherung

Spätestens, wenn das Kind die ersten Schritte macht, denken viele Eltern daran: Wie schnell kann ein Unfall passieren. Natürlich gibt es die gesetzliche Unfallversicherung, die das Kind in Kindertagesstätten, auf Schulwegen und während der Schulzeit schützt. Aber für Freizeitunfälle müssen Mutter und Vater schon selbst vorsorgen. Keiner möchte daran denken, aber für den Fall einer lebenslangen Unfallbehinderung oder gar Erwerbsunfähigkeit ist das Kind so zumindest finanziell abgesichert.
Was auch überlegenswert ist: Wenn der kleine Kassenpatient mal ins Krankenhaus muß, hilft eine private Krankenzusatzversicherung. Sie sorgt für beste Arztbehandlung und ein schönes Zimmer.

Privathaftpflicht

Kinder sind nicht nur Opfer, sie können auch Schäden verursachen. Der private Haftpflichtschutz ist wichtig, weil er bei Schäden einsteht, die anderen zugefügt werden. Die Privathaftpflicht zählen Versicherungsexperten und Verbraucherschützer gleichermaßen zum unbedingt nötigen Basisschutz. Sie wird von den Eltern abgeschlossen, idealerweise zusammen mit der Haushaltversicherung, und gilt als Familienversicherung für den Nachwuchs kostenlos mit, solange sich dieser in der Ausbildung befindet.

Ausbildungsversicherung

Neben dem direkten Risikoschutz bieten Versicherer auch finanzielle Vorsorge zu vergleichsweise günstigen Konditionen. Viele Eltern investieren einen Teil des Kindergeldes in eine Ausbildungsversicherung. So um 50 Euro monatlich. Oder die Großeltern steuern etwas bei. Denn: Ein Universitätsstudium kostet 40.000 bis 50.000 Euro, den Führerschein gibt es nicht geschenkt, und eine eigene Wohnung muss auch sein. Damit ist das Startkapital für die Zeit nach der Schule da – egal, ob das Kind Pilot werden will, einen Handwerksberuf wählt oder studiert. Die Auszahlung kann flexibel gewählt werden.

Und was noch?

Zum Beispiel ein privater „Generationen-Vertrag“. Der funktioniert so: Die ersten zehn Jahre zahlen Oma und Opa 40 Euro Beitrag für die spätere private Rente, dann sind zehn oder 15 Jahre Mama und Papa dran, und danach macht das erwachsen gewordene Kind selbst sein Glück. Durch den Faktor Zeit mit dem langfristigen Kapitalaufbau wirkt der Zinseszinseffekt. So wird aus kleinen Geldbeträgen ein Vermögen, das später für kleinere und auch größere Sprünge gut reicht.

Sie haben noch Fragen zu Versicherungen? Dann schauen Sie doch einfach im Kundendienst Center der Öffentlichen Versicherungen Sachsen-Anhalt (ÖSA) vorbei: Am Alten Theater 7 im City Carré in Magdeburg, Tel. 0391 – 7 367 367.

BEREIT FÜR DIE ZUKUNFT: Den künftigen Ausbildungsweg der Kinder frühzeitig finanziell abzusichern, ist nachhaltiger als jedes noch so schöne Geburtstagsgeschenk

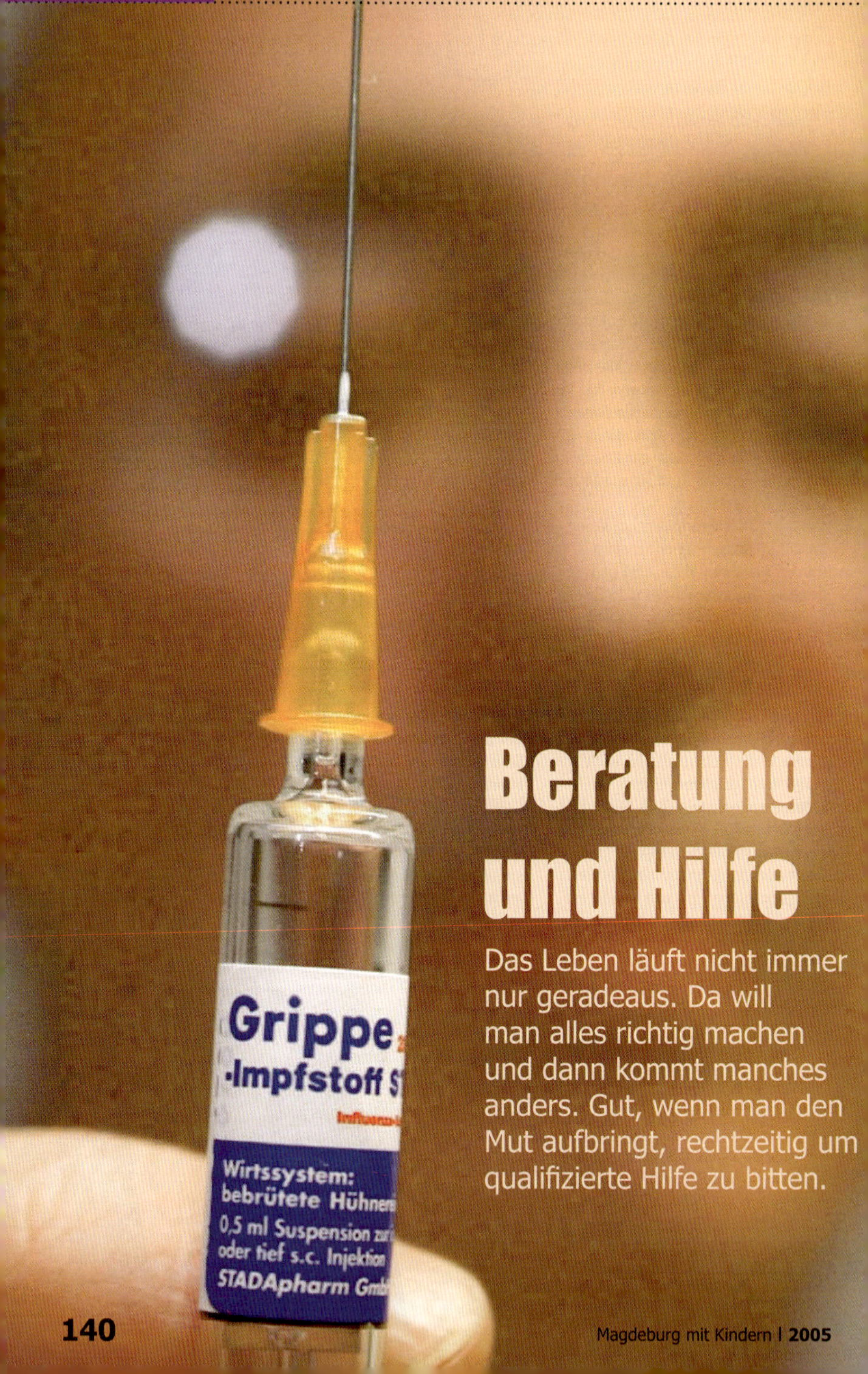

Beratung und Hilfe

Das Leben läuft nicht immer nur geradeaus. Da will man alles richtig machen und dann kommt manches anders. Gut, wenn man den Mut aufbringt, rechtzeitig um qualifizierte Hilfe zu bitten.

Gesundheit und Soziales

KINDERÄRZTLICHER NOTFALLDIENST: vor allem an Wochenenden ist das Zentrum an der Leipziger Straße erste Adresse für alle gesundheitlichen Notfälle bei Kindern

Kinderärztlicher Notdienst

Wenn normale Ärzte keine Sprechstunde haben ist der Notdienst da. Aber bitte nur für NOTFÄLLE. Außerhalb der Sprechstunden, also ab 24 Uhr erreicht man den mobilen Kassenärztlichen Notdienst. Tel: 627 96 65 oder 621 67 77

Leipziger Straße 16/17, MD-Südstadt, Zentrales Tel: 627 96 00, Mo/Di/Do: 18-24 Uhr, Mi/Fr: 14-24 Uhr, Sa/So/FT: 7-24 Uhr

Kinder- und Jugendtelefon

Die „Nummer gegen Kummer“ hilft Kindern und Jugendlichen direkt bei Sorgen und Problemen, auf Wunsch auch völlig anonym. BeraterInnen hören zu, helfen bei der Suche nach Lösungen und vermitteln Kontakte zu anderen Institutionen. Träger des Dienstes ist der Kinder- und Jugendtelefon Magdeburg e.V.

Mo-Fr 15-18 Uhr, Tel: 0800/1 11 03 33 (gebührenfrei)

Notruf für Mädchen

Krisenberatung für Mädchen und junge Frauen, die sexuelle Gewalt erfahren haben; Vermittlung von Hilfen

Tel: 739 18 96

Kinder- und Jugendnotdienst

Beratung, Hilfe und Unterstützung für Kinder und Jugendliche in Krisen und Konfliktsituationen

Gerhart-Hauptmann-Straße 46a, MD-Stadtfeld, Tel: 731 01 14

Magdeburger Stadtmission e.V.

Konfliktberatung bei Erziehungs-, Lebens-, Familien- und Schwangerschaftsfragen

Leibnizstr. 48, MD-Altstadt, Tel: 5 32 49 13

PRO–Familia-Beratungsstelle

Partnerschafts- und Sexualberatung, Schwangeren- und Schwangerschaftskonfliktberatung, Trennungs- und Scheidungsberatung

Lübecker Str. 24, MD-Neustadt, Tel: 252 41 33

Caritasverband Schwangerschaftsberatung

Beratung und konkrete Hilfe bei Schwangerschaftskonflikten, bei Fragen zu Schwangerschaft und Geburt, Adoption, Verlust eines Kindes, bei wirtschaftlichen und finanziellen Problemen Träger ist die Caritas im Bistum Magdeburg.

Karl-Schmidt-Straße 5, MD-Buckau, Tel: 408 05 15 oder 408 05 15

Stiftung „Familie in Not“

Die Stiftung „Familie in Not Land Sachsen-Anhalt e.V.“ richtet ihr Angebot an Familien mit Kindern, die durch ein schwerwiegendes Ereignis, wie z.B. Arbeitslosigkeit, Krankheit oder Todesfall, in eine unverschuldete, extreme Notlage geraten, können über die Stiftung „Familie in Not Land Sachsen-Anhalt e.V.“ schnell und unbürokratisch Hilfe erhalten.

Halberstädter Straße 39a, MD-Sudenburg, Tel: 6 27 36 05

KOBES Magdeburg

KOBES ist die KOntakt- und BEratungsstelle für alle Selbsthilfegruppen der Stadt. Wer also bei Probllemen auf der Suche nach Gleichgesinnten ist, kann sich dort nach einer passenden Gruppe erkundigen. Der Träger von KOBES ist der Caritasverband für das Dekanat Magdeburg e.V.

im Gesundheitszentrum Hasselbachplatz, Breiter Weg 251, MD-Altstadt, Tel: 6 20 83 20

BERATUNGSZENTRUM DES BISTUMS MAGDEBURG: in der Max-Joseph-Metzger-Straße hinter St. Sebastian sind gleich mehrere Beratungsstellen in kirchlicher Trägerschaft ansässig

Wabe Sozialhilfeberatung

Die kostenlose und unabhängige Sozialhilfeberatung kann zu Fragen der Sozialhilfe, Arbeitslosengeld II bis Hartz IV aufgesucht werden. Die Beratung wird im Rahmen der Projektarbeit durch Studenten und Studentinnen des Fachbereiches Sozial- und Gesundheitswesen der Hochschule Magdeburg-Stendal durchgeführt.

Thiemstraße 13, MD-Buckau, dienstags 9-13 Uhr, Tel: 400 33 67

Apothekennotdienst

Wochenende oder spätabends und ihr Kind hat Beschwerden? Dann kann der Apothekennotdienst vielleicht Linderung verschaffen. Man bekommt rezeptfreie Medikamente ohne Arztbesuch. Die Apotheken teilen sich die Dienste über den Monat verteilt, die jahresweise festgelegt und in den Apotheken als Plan erhältlich sind.

Plan im Netz unter: www.apotheke.com

APOTHEKENNOTDIENST: nachts oder am Wochenende rezeptfreie Medikamente ohne vorherigen Arztbesuch

Zahnärztlicher Notdienst

Auskunft zu den jeweiligen Diensthabenden über den Taxi-Ruf.

Tel: 56 56 56

Erziehung und Familie

Jugendamt

Das Jugendamt der Stadt teilt sich in fünf stadtgebietsorientierte Sozialzentren. Zuständig bei An-, Ab-, Ummeldung von Hort und Kindergarten, Beantragung von Zuschüssen für Ferien- und Freizeitmaßnahmen und Familienurlaubsgeld, Erlaß von Elternbeiträgen,

Jugendamt, Wilhelm-Höpfner-Ring 4, MD-Sudenburg, Tel: 54 00

Gesundheitsamt

Im Gesundheitsamt der Stadt wird auch Schwangeren- und Mütterberatung angeboten.

Lübecker Straße 32, MD-Neue Neustadt, Tel: 540-60 53

Pro Familia Beratungsstelle

Ist Partnerschafts- und Sexualberatung, Schwangeren- und Schwangerschaftskonfliktberatung, Trennungs- und Scheidungsberatung

Lübecker Str. 24, MD-Neustadt, Tel: 252 41 33

Netzwerk Leben

Hilfe für Schwangere, Alleinerziehende, auch bei finanziellen Nöten. Träger ist die Caritas und das Bistum Magdeburg.

Max-Joseph-Metzger-Straße 3, MD-Altstadt, Tel: 534 24 11, www.netzwerkleben.de

Magdeburger Stadtmission

Erziehungs-, Lebens-, Familien- und Schwangerschafts-Konfliktberatung

Leibnizstr. 48, MD-Altstadt, Tel: 5 32 49 13

Elterntelefon

Beratung und Hilfe in schwierigen Situationen für hilfesuchende Väter und Mütter. Projekt der Bundesarbeitsgemeinschaft Kinder- und Jugendtelefone e.V. und des Deutschen Kinderschutzbundes.

Tel: 0800/1 11 05 50, (gebührenfrei)

Psychologische Beratungsstelle der Caritas

Das Beratungszentrum der katholischen Caritas ist mit einem Kollegium von psychologisch und pädagogisch ausgebildeten Fachkräften besetzt. Sie bieten Lebensberatung in persönlichen Nöten und bei existenziellen

Krisen. Dazu Ehe- und Paarberatung zur konstruktiven Beziehungsgestaltung und zur Familienplanung, aber auch Erziehungsberatung, damit Eltern wieder Zuversicht fassen.

Max-Josef-Metzger-Straße 1a, MD-Altstadt, Tel: 5961-201

Familienzentrum Gorkier Hof

PEKiP, Stillgruppe, Krabbelgruppe

Hans-Grade-Str. 113, MD-Olvenstedt, Tel: 722 54 00, Mo-Do 9-13 Uhr, Fr 9-14 Uhr

Verband Alleinerziehender Mütter und Väter e.V.

Der Verband Alleinerziehender Mütter und Väter Magdeburg e.V., oder kurz VAMV ist eine Interessengemeinschaft und bietet Gedankenaustausch und Beratung.

Hans-Grade-Straße 8, MD-Olvenstedt, Tel: 60 10 53, Sprechzeiten: Mo-Mi 9-15 Uhr, Di 9-17 Uhr

DROBS

Jugend- und Drogenberatungsstelle, Anlaufpunkt für besorgte Eltern

Umfassungsstraße 82, MD-Neue Neustadt, Tel: 2 52 70 96

Behinderungen

Familienentlastender Dienst

Johannes-R.-Becher-Straße 57, MD- Tel: 252 42 83

Hilfe für das autistische Kind e.V. Magdeburg

Pappelallee 2, MD-Tel: 541 88 62

Lernschwächen

LRS Institut Angela Rohr

Das LRS Institut hat sich auf die Beratung, Diagnostik und Therapie zur Legasthenie spezialisiert. Das LRS bietet individuelle Therapien für Kinder im Alter von 6-15 Jahren an. Die Therapieschwerpunkte werden dem Alter, dem Entwicklungsstand und dem Geschlecht angepaßt. Für

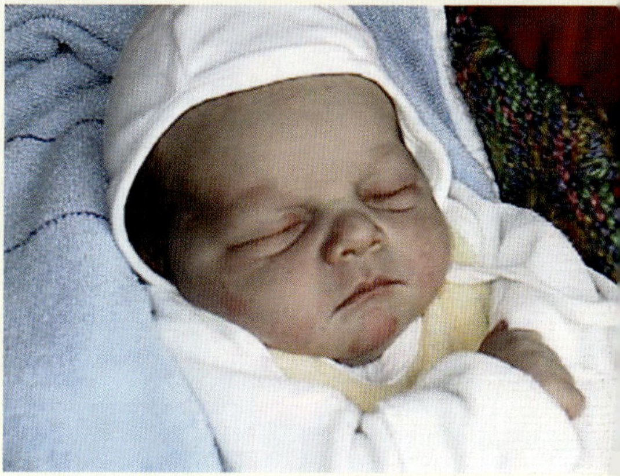

Namen und Zahlen

Ein kleines bißchen Statistik zu Geburtenzahlen und den bevorzugt vergebenen Namen der letzten Jahre in Magdeburg

Anzahl der Geburten in Magdeburg:
1989: 3470 Geburten

2000: 1647 Geburten
2001: 1638 Geburten
2002: 1651 Geburten
2003: 1582 Geburten
2004: 1711 Geburten

Namenshitliste für Magdeburger Kinder:
Mädchen 2000: Sophie, Marie/Maria, Lea, Anna, Laura, Vanessa, Michelle, Sarah, Jasmin, Lisa
Jungen 2000: Tim, Justin, Alexander, Leon, Maximilian, Jonas, Pascal, Jan, Lucas, Niklas

Mädchen 2001: Maria/Marie, Sophie, Michelle, Lea, Anna, Laura, Vanessa, Charlotte, Josephine,
Jungen 2001: Maximilian, Leon, Niklas, Max, Paul, Jonas, Tim, Florian, Lukas, Justin

Mädchen 2002: Marie/Maria, Sophie, Celine/Celina, Lea, Lisa, Sarah, Chantal, Vanessa, Leonie, Jasmin
Jungen 2002: Niklas/Niclas, Lukas/Lucas, Paul, Jonas, Pascal, Leon, Tim, Max, Alexander, Justin

Mädchen 2003: Maria/Marie, Sophie, Marie, Lea, Michelle, Josephine, Anne, Chantal, Laura, Leonie, Angelina
Jungen 2003: Leon, Pascal, Lucas/Lukas, Paul, Tim, Max/Maximilian, Luca, Jonas, Alexander, Niclas

ÜBERFORDERUNG BEIM LERNEN: wenn Kindern das Lernen für die Schule über den Kopf wächst, kann es sinnvoll sein, professionelle Hilfe anzufordern

Vorschulkinder wird ein spezieller mündlicher Test (BISC) verwendet. Die Eltern finden Ansprechpartner bei Schulproblemen ihrer Kinder und zu gesetzlichen Bestimmungen der Hilfe.

Agnetenstraße 14, MD-Alte Neustadt, Tel. 5354688, www.lrsinstitut.de

Paetec Lerninstitut

Lernen kann man lernen, sagt man bei Paetec, das steht für PÄdagogik und TEChnik. Das Institut befaßt sich mit Lernstörungen. Behandelt werden Lese-Rechtschreib-Schwäche, Rechenschwäche und Fremdsprachenlegasthenie, bevorzugt in Einzeltherapie, aber auch Kleinstgruppenförderung, Die Kinder besuchen einmal wöchentlich das Institut und werden einzeln betreut.

Schillerstraße 5, MD-Stadtfeld, Tel. 0177-895 31 74. Gebühren: dreistündiges intensives Diagnosegespräch 150 €

Teutloff Zentrum

behandelt werden Fälle von Legasthenie und Dyskalkulie.

Bölschestr. 1a, MD-Altstadt, Tel: 541 17 87

Nachhilfe

Abacus Nachhilfeinstitut

Das Programm des in mehreren Städten Sachsen-Anhalts niedergelassenen Instituts umfaßt alle Fächer (von Mathe über Latein bis Rechnungswesen) und gilt für alle Jahrgangsstufen. Angeboten werde auch Einzelnachhilfen zuhause, die von erfahrenen Nachhilfelehrern durchgeführt werden.

Infos und Termine unter Tel: 55 56 383, www.nachhilfe.info

Fly in2 english

Kleines privates Sprachinstitut, das sich auch auf die Schülernachilfe bei Fremdsprachen spezialisiert hat. Ab der achten Klasse nur noch von Muttersprachlern, die dann auch überwiegend in der jeweiligen Sprache (Englisch, Französisch/ Spanisch, Russisch) mit den Kindern kommunizieren. Die Preise staffeln sich hier je nach Teilnehmerzahl von 15 Euro pro Stunde bis hinunter zu 5 Euro.

Schenkendorffstraße 9, MD-Stadtfeld, Tel: 733 20 34 oder 607 38 00

Studienkreis

Der Studienkreis ist ein bundesweit agierender Anbieter von Schulförderung und gezieltem Nachhilfe-Unterricht. In Magdeburg bestehen vier Studiencenter. Betreut werden auch Fälle von Legasthenie und Rechenschwäche.

Fabriciusstraße 16, MD-Neue Neustadt; Halberstädter Str. 115, MD-Sudenburg; Ziolkowskistr. 11, MD-Neustädter See; Turmschanzenstraße 8, MD-Cracau; Tel: 2528223 oder 8114844

Learnpoint

Das Angebot des Learnpoint richtet sich seit November 2004 an alle Azubis, Schüler von Fachoberschulen und Berufsfachschulen ebenso wie an Schüler der Abgangsklassen der allgemeinbildenden Schulen. Ziel ist es, mit Unterstützung von erfahrenen Lehrern und Pädagogen, Defizite in wichtigen Fächern kontinuierlich aufzuarbeiten, damit am Ende der Ausbildung der Erfolg gesichert wird. Die Lernangebote reichen vom Einzel- bis zum Gruppenunterricht mit maximal 5 Schülern.

Liebknechtstraße 73, MD-Stadtfeld, Tel: 7356742, www.learnpoint-magdeburg.de

Ist unser Kind etwa doof?

Nein, ist es nicht. Aber Kinder mit extremen Lernschwierigkeiten benötigen Aufmerksamkeit und Hilfe, denn die Schwierigkeiten verschwinden nicht von selbst! Zunächst muß man sie entdecken und ernstnehmen.

Was ist Rechenschwäche?
Darunter versteht man erhebliche und andauernde Schwierigkeiten beim Erlernen mathematischer Grundlagen. Die Ursachen sind verschieden und keine Krankheit! Extreme Lernschwierigkeiten entstehen infolge von Verzögerungen in der Entwicklung von Orientierung, Vorstellung und Abstraktion. Zu Lernschwierigkeiten kommt es, wenn die Anforderungen der Schule nicht zu den Voraussetzungen des Kindes passen.

Zeichen für Lernschwierigkeiten in Mathematik:
• Kind meidet Spiele, in denen gerechnet werden muß. Es baut nicht mit Bausteinen und vermeidet puzzeln.
• Probleme in Fein- und Grobmotorik. Kind kann z.B. nicht auf einem Bein hüpfen oder hat Probleme beim Binden von Schnürsenkeln.
• Kind verdreht Zahlen, zählt von rechts nach links und hat Schwierigkeiten bei zeitlichen und räumlichen Begriffen.
• Aufgaben im Unterricht werden nicht in der gegebenen Zeit geschafft.
• Hausaufgaben werden verzögert und dauern sehr lange. Kind löst die Aufgaben mit den Fingern zählend.
• Nach intensivem Üben kann das Kind die Aufgabe lösen. Am nächsten Tag gelingt dies jedoch nicht mehr.
• Schlechtes Selbstbild vom Kind und resignative Haltung (Ich bin doof.).
• Auftreten psychosomatischer Auffälligkeiten (z.B. Bettnässen, Alpträume)

Was ist Lese-Rechtschreib-Schwäche?
Darunter versteht man erhebliche und andauernde Schwierigkeiten beim Erlernen des Lesens und des Schreibens. In der Regel treten diese Schwierigkeiten schon im Anfangsunterricht auf. Rechtzeitige Reaktion darauf ist umso wichtiger, da Kulturtechniken wie Lesen und Schreiben zugleich auch notwendiges Mittel der Wissensaufnahme in anderen Lernbereichen sind.

Zeichen für Lernschwierigkeiten im Schriftsprachbereich
-Am Ende der ersten Klasse hat das Kind nicht erlernt, auf der Grundlage behandelter Buchstabe-Lautbeziehungen selbstständig Wörter und dem Alter angemessene Texte zu erlesen und Wörter lautgerecht zu schreiben.
• Kind bleibt auf der Ebene des buchstabeweisen Lesens stehen und das Lesetempo ist nicht ausreichend.
• Vermeidungsverhalten dem Lesen und Schreiben.

Wer trägt Kosten der Behandlung?
Eltern tragen die Kosten in der Regel selbst, allerdings bietet das Kinder- und Jugendhilfegesetz (KJHG; SGB VIII) im Abschnitt „Hilfe zur Erziehung" in sehr eingeschränkten Fällen eine gesetzliche Grundlage für eine Kostenübernahme durch das Jugendamt.

bei Anfragen zum Thema: Bundes- und Landesverband Legasthenie e.V, für Magdeburg: Beate Arndt, Tel: 541 39 71, www.bvl-legasthenie.de

„Magdeburg mit Kindern“

(c) OstNordOst Verlag, Magdeburg, Haydnplatz 11, 39106 Magdeburg, Tel/Fax: (0391) 7 33 65 45,
e-mail: ost-nordost@web.de – 1. Auflage 2005

Autor:
Conrad Engelhardt. Er arbeitet seit Jahren als leitender Redakteur beim Stadtmagazin DATEs und ist selbst Vater von zwei Kindern (4 und 3 Jahre alt).

Redaktionelle Mitarbeit:
Andreas Stein, Anja Baron, Anke Lange, Almuth Schütz, Beatrice Lehmann, Ina Lebedjew, Jana Büschel, Katharina Büssow, Katja Stolze, Rebekka Wuttke, Joachim Engelhardt und weitere

Satz/Gestaltung:
Conrad Engelhardt

Kartografie:
cartogis Berlin: *(Extra-Faltplan Umland hinterer Umschlag, Karte Elbauenpark S. 9, Karte Grüner Ring S. 31, Karte Gommeraner Seen S. 71, Prinzipkarte Magdeburg S. 109*
DATEs Medien Verlag: *(Stadtkarte Magdeburg im Umschlag vorn)*
Jens Jähnig: *(3D Plan Wasserstraßenkreuz S.50/51)*
OstNordOst *(Lageplan Elbe S. 31 und Lageplan Bode/Saale S. 93)*
Zoologischer Garten Magdeburg *(Zoo-Lageplan S. 40/41)*

Gewährleistung: Alle Angaben in diesem Buch wurden mit größter Sorgfalt ermittelt. Darüber hinaus hat der Autor die überwiegende Zahl der beschriebenen Objekte und Angebote selbst in Augenschein genommen. Dennoch können für die gemachten Angaben keine Gewähr übernommen werden. das gilt insbesondere für solche, die erfahrungsgemäß veränderlicher sind, wie Öffnungszeiten und Preise.

Bildnachweis
Autostadt Wolfsburg: 101
Bauspielhaus Thale: 103
Belantis Freizeitpark: 98
Biosphäre Potsdam: 102
Böhme, Hans-Ludwig: 122
Clown Wuschel: 133
Creativ Collection: 114, 139
DLRG-Archiv: 128
Engelhardt, Conrad: *4 (4x), 5 (5x), 6, 7, 8 (7x), 9 (5x), 10, 12, 13, 14, 15, 16 (2x), 17 (2x), 19, 20, 21 (2x), 22, 23, 24, 26 (2x), 27 (6x), 28 (2x), 29 (5x), Montage 30/31, 30 (4x), 31 (3x), 32 (2x), 33 (2x). 34, 35, 36, 37, 38, 39, 40/41 (2x), 42, 43 (2x), 44, 46, 47 (2x), 48, 49, 50/51 (5x), 52 (2x), 53 (alle), 54 (2x), 55 (2x), 57 (3x), 58, 59 (2x), 60 (2x), 61, 62 (2x), 63 (2x), 63 (2x), 65 (2x), 66, 70/71 (3x), 72 (2x), 74/75 (9x), 76, 77, 78, 80, 82 (2x), 83, 86 (2x), 90 (2x), 92 (2x), 93, 94, 95 (2x), 97 (2x), 99 (2x), 100, 101, 104, 108, 109, 115, 116 (2x), 117, 118, 119, 121 (2x), 124, 132, 134, 135 (2x), 136 (2x), 137, 138, 139, 141, 142, 143, 144, 145*
Engelhardt, Joachim: *102*
Elbauenpark: *8*
Filmpark Babelsberg: *96*
Fröschki, Fredy: *120*
Freie Schule: 107
Forschungskreis Heimtiere: 45
Gerlich, Mario: 80
Gramm, Christian: 62
Greenkids: 125
Hans-Grade-Museum Borkheide: 61 (2x)
Haus des Waldes Hundisburg: 64
HSB Harzer Schmalspurbahnen: 104
Kadlubski, Christoph: 77
Kulturhistorisches Museum: 28, 37
Kunze, Hans-Wulf: 56
Lachmuth, Wasserburg Egeln: 34, 132
Lander, Andreas: *4, 7, 10, 12, 14, 19, 22, 25 (2x), 40/41 (5x), 67 (2x), 68 (2x), 69, 81, 88, 105 (2x), 106, 108, 110, 111, 112, 113, 122, 125, 130, 131, 133, 140*
Landesmarketinggesellschaft Sachsen-Anhalt LMG: *36, 42, 103, 105,*
Lücke, Uli: 126
Malteserjugend: 129
Motopark Oschersleben: 49

Danksagung:
an alle, die durch Ihre Bereitschaft zur Mithilfe und den qualifizierten Zuarbeiten zum Gelingen beigetragen haben: zu aller erst den verschiedenen Sponsoren; ansonsten der AG Spielraum Stadt, darunter die Kinderbeauftragte der Stadt Magdeburg, Frau Thäger, Frau Andrae, Herr Krüger vom Schulverwaltungsamt, Dr. Gottschalk vom Jugendamt, Frau Schwarz vom Sozialamt, Frau Keller vom Stadtplanungsamt. Dank an Christian Gramm und Mike Lederer vom DATEs Medien Verlag für die drucktechnische Unterstützung, Dank auch an Wieland Giebel von Berlin-Story, der bei der Projektierung dieses Buches nützliche Hinweise gegeben hat, an meinen Vater Joachim Engelhardt für das akribische Bearbeiten der Index-Daten. Besonderer Dank gilt Anke für ihre endlose Geduld, die Korrekturarbeiten sowie die zahlreichen kritischen Hinweise.

Eine Bitte an die Leserinnen und Leser:
Weil eine Stadt von der Größe Magdeburgs sich in ständiger Veränderung befindet, Angebote wechseln, neue hinzukommen, andere wegfallen, ist eine Neuauflage dieses Buches im Zweijahresturnus geplant. Für Hinweise und Ideen sind wir sehr dankbar. Diese können per Post oder Mail (ost-nordost@web.de) an den Verlag gesandt werden. Wird eine Idee verwendet, so erhält der Einsender auf Wunsch ein kostenfreies Exemplar der jeweils neuen Auflage.